国家图书馆古籍修复案例丛书

国家图书馆藏
西域文献的修复与保护

国家图书馆古籍馆　编

国家图书馆出版社

图书在版编目（CIP）数据

国家图书馆藏西域文献的修复与保护 / 国家图书馆古籍馆编.
-- 北京：国家图书馆出版社，2017.4
（国家图书馆古籍修复案例丛书）
ISBN 978-7-5013-6016-1

Ⅰ.①国… Ⅱ.①国… Ⅲ.①国家图书馆—文史资料—修复—
西域 ②国家图书馆—文史资料—文献保护—西域 Ⅳ.① G253.6

中国版本图书馆 CIP 数据核字（2017）第 005899 号

书　　名	国家图书馆藏西域文献的修复与保护	
著　　者	国家图书馆古籍馆　编	
责任编辑	南江涛	
封面设计	程春燕	

出　　版	国家图书馆出版社（100034 北京市西城区文津街7号）	
	（原书目文献出版社　北京图书馆出版社）	
发　　行	（010）66114536 66126153 66151313 66175620	
	66121706（传真） 66126156（门市部）	
E－mail	nlcpress@nlc.cn（邮购）	
Website	www.nlcpress.com → 投稿中心	
经　　销	新华书店	
印　　装	北京金康利印刷有限公司	
版　　次	2017年4月第1版　2017年4月第1次印刷	

开　　本	710×1000毫米　1/16	
印　　张	10	

书　　号	ISBN 978-7-5013-6016-1	
定　　价	68.00元	

编委会名单

修　　复：胡玉清　侯郁然　胡　泊　吴澍时

修复顾问：段　晴　荣新江　杜伟生

主　　编：陈红彦　谢冬荣　萨仁高娃

编　　委：陈红彦　谢冬荣　萨仁高娃　边　沙
　　　　　朱振彬　刘建明　李　英　胡　泊
　　　　　田婷婷　提　娜　侯郁然　宋　晖
　　　　　谢谨诚　薛文辉　李江波　刘　波
　　　　　李燕晖　王姿怡　乌心怡　刘　婷
　　　　　常莐心　刘玉芬　程　宏

撰　　稿：胡　泊　吴澍时　侯郁然　刘　波

目录

序

——为古籍续命，为修复存史

陈红彦

国家图书馆早在京师图书馆时期，就配备了文献修复人员。1949 年，为修复当时刚入藏北平图书馆的《赵城金藏》，经由当时的军管会批准，组建了一支由 8 名技工组成的修复队伍，即今天修复组的前身。1953 年，正式成立科级建制的"图书修整组"，至此古籍修复工作作为图书馆的一项专职业务走上了专业化、正规化的发展道路。六十余年来，国家图书馆几代修复师用职业的坚守，守护着人类文明，让残破的国宝级珍贵文献《赵城金藏》《永乐大典》、西夏文献、敦煌遗书和宋元善本、清代《赋役全书》等的原始风貌重新展现于世人面前。国家图书馆在长期修复实践基础上，总结出的"整旧如旧""抢救为主、治病为辅""最少干预""过程可逆"等修复原则，得到国内外同行的普遍认可和遵从。

2007 年 1 月，国务院办公厅发布《关于进一步加强古籍保护工作的意见》，在全国大力实施"中华古籍保护计划"，将古籍修复工作和基础实验研究工作提升到国家层面，古籍修复迎来新的发展机遇。国家图书馆的古籍修复也进入新的高速发展期。2008 年，国家图书馆古籍修复技艺入选第二批国家级非物质文化遗产名录。2009 年，国图古籍修复组被文化部确定为"国家级古籍修复中心"。2012 年，杜伟生先生入选第四批国家级非物质文化遗产项目古籍修复技艺代表性传承人。2013 年 6 月，文化部委托国家图书馆成立了"国家图书馆古籍修复技艺传习中心"。2014 年，古籍馆修复组被中组部、中宣部、人力资源和社会保障部、科技部联合授予"第五届全国杰出专业技术人才先进集体"，修复组朱振彬被授予第十二届"全国技术能手"称号；2016 年 11 月，刘建明被授予第十三届"全国技术能手"称号。2015 年，古籍馆修复组获得文物局可移动文物修复资质。在继承老一代修复师经验的基础上，青年一代让新技术融入修复工作，厚积薄发，几年中相关标准规范从制定推行行标到升级实施国标，一批以实验数据支撑的科研成果产生并逐步应用到修复工作中，一批专利产品研发生产并投入使用，推广到全国，甚至走向世界。文化与科技融合，产学研一体，古老的技艺以新技术、新模式传承中华文明，服务社会。

　　百年来，国图文献修复逐步形成了一整套科学规范的工作模式，取得了丰硕的成果，但在修复历史上也留下过遗憾。如 4000 余件《赵城金藏》的修复历时 15 年，是载入史册的修复工程，可在整个修复期间竟没有留下有关修复过程的档案资料，实为遗憾，也成为深刻的教训。2003 年，国家图书馆古籍修复人员运用计算机技术研发了修复档案系统，馆藏西夏文献修复拥有文字和影像均完整的修复档案。任何时候，在国家图书馆"古籍修复档案管理系统"中都可以查询有关西夏文献修复的过程和细节，修复前外观的描述、破损的特征和原因、破损位置、破损程度以及修复方案、要求，修复完成后面貌等，修复工作上了新的台阶。

随着"中华古籍保护计划"的开展，古籍修复方案的制定、修复过程控制、技术手段应用等在古籍修复的科学化、规范化进程中的作用越来越明显，修复教学中也迫切需要，因此，修复案例分析共享成为行业发展的重要需求。作为古籍修复的国家队，国家图书馆古籍修复组理应承担起这个责任，古籍馆希望撰写并出版系列古籍修复案例，供同行在修复工作中参考借鉴。

西域作为丝绸之路的要冲，是华夏文明与多个其他古老文明交流对话的地方，也是中国乃至世界上遗落了最多样文字的地方。有时，流沙中的一根木简、古墓里的一片文献会同时书写着多种文字，呈现出美妙的文明景观。中华文明是世界文明古国中唯一不曾中断、绵延至今的古老文明，各民族文字记载的相互印证或许也是原因之一。

2005 年起，国家图书馆先后六次征集入藏和田等地出土的西域文献，数量达 700 余件，建立了西域文献专藏。这些文献年代从公元 4 到 10 世纪，跨度长达600 年，文种众多，有汉文、梵文、佉卢文、于阗文、粟特文、龟兹文、突厥文、犹太波斯文、藏文等；内容丰富，涵盖政府文书、私人信札、契约、典籍、佛经等，为丝绸之路历史文化、中国对外关系史研究领域带来了新的课题，提供了珍贵史料。西域文献入馆时状况不佳，存在表面污迹、焦脆、烟熏痕迹、糟朽、絮化、褶皱、卷曲、虫蛀、双层粘连等状况，不经过修复无法提供给学者使用。文献载体材质与形态又多种多样，有纸质文书、绢质文书、木简、函牍、桦树皮文书以及带有封泥的契约、书信，恰好可以比较全面地涵盖古籍修复的不同类型。因此，西域文献修复案例具有更广泛的参考和分享价值。西域文献的修复全过程都有准确记录，修复中针对文献的特殊需要还首创了镶接技术，这些综合因素使西域文献修复成为我们推出的案例丛书的第一部。

在 2015 年 5 月"册府千华——西域文献保护成果展"开幕时，古籍馆、国家古籍保护中心办公室等部门共同组织了专家研讨会。馆内外专家一起回忆起季羡林先生、段晴教授、荣新江教授在文献征集及修复过程中的指导帮助，胡玉清等修复师的精心操作和技术创新。特别是段晴教授、荣新江教授领衔的两个研究团队，与我馆专业人员开展的文献研究、刊布，几年间，除专著外，还有五十余篇论文正式发表。有时仅仅一个小小的残片，就解决了历史上遗留的难题，显示出修复、研究、刊布跨界联合，共同推进的力量和价值所在，也让修复的价值更深刻地体现出来。

借此修复案例出版之际，我们真诚地感谢为西域文献的征集、研究、保护、修复、拍摄、出版等工作付出心血的所有前辈、同仁，这次合作的相遇也让我们看到了古籍保护、古籍整理更可期待的未来。

2016 年 10 月

第一章　馆藏西域文献概况

　　西域是汉代以来对玉门关、阳关以西广大区域的总称，狭义的西域大致相当于我国新疆维吾尔自治区。西域文献指我国新疆地区出土的古代文献，具有文种众多、形态多样、内容丰富等特点，为丝绸之路历史文化、中国对外关系史等研究领域带来了新的课题，提供了珍贵史料，与敦煌遗书、吐鲁番文书具有同等重要的价值。西域文献发现于 19 世纪末 20 世纪初。当时，西方探险家大批进入我国西北地区，开展探险考察活动，以盗掘、购买等方式，攫取了大批文物文献。那时发现的西域文献目前大多散藏于世界各国的博物馆、图书馆，国内学者使用不便。由于资料方面的欠缺，西域文献研究长期以来一直是国内学术研究的薄弱环节。

　　国家图书馆历来关注西域文献的征集、整理与研究。早在 20 世纪 30 年代，便入藏了回鹘文《玄奘传》等珍贵的西域文献，保存了极为难得的史料。进入 21 世纪，国家图书馆在西域文献征集、保护等方面，取得了新的重要成果，分六批征集入藏了和田所出西域文献 700 余件。

　　在征集西域文献的过程中，国家图书馆得到西域文献研究学者的鼎力支持。2008 年 6 月 10 日，季羡林先生在获悉一批出自和田的西域文书的信息后，不顾劳累，在病榻上亲笔写下呼吁书，肯定这批文书的学术价值。他写道："听说，最近新疆地区发现了很多古代语言的残卷，这对于我们中国学界以及世界学术界都是特大的好消息。无论如何，不要让外国人弄走。"季先生的热情呼吁，极大地激励、推动了西域文献征集工作。北京大学教授荣新江、段晴也曾致函国家图书馆，详细阐述西域文书的价值和意义，希望国家图书馆能为国家留住这批珍贵文献。学者们的呼吁，基于历史学、语言学研究的专业判断，饱含着热爱祖国、热爱学术事业的深厚感情，为国家图书馆等收藏机构开展征集工作提供了有力的支持。

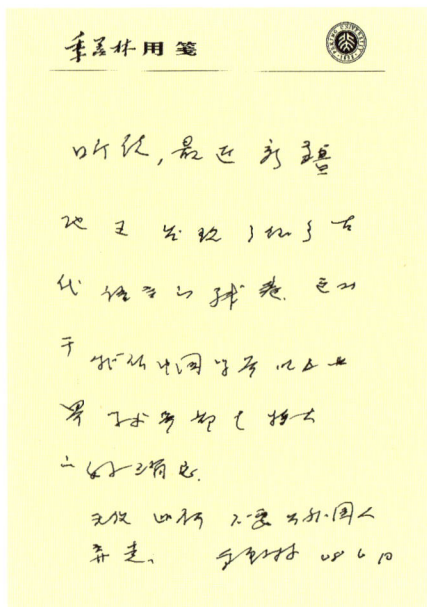

季羡林先生手书呼吁书

经过多年的不懈努力，国家图书馆自 2005 年起，先后 6 次征集入藏和田等地发现的西域文献，编为 564

号，总数近千件，建立了"西域文献专藏"。其中，2005年征集入藏第一批30号；2006年征集入藏第二批61号（内若干残片算作1个号），含3枚木简；2007年征集入藏第三批132号，其中有木简残片294枚，计为1号；2008年入藏第四批333号；2009年入藏第五批，为木牍7枚；2010年自拍卖会购得桦树皮梵文残片1盒，是为第六批。以上六批文献合计564号。当然，征集入藏时，将若干碎片以一号或一件计算，因此所藏西域文献实际数量多于编号数。

入藏之后，国家图书馆随即组织工作人员，逐一清点，同时进行编号。经过多次讨论，并征求专家意见，确定编号原则为：每一个编号包括代码、批次号、流水号三部分。代码参照馆藏敦煌遗书编号设立。馆藏敦煌遗书以BD为编号代码，意为"北京图书馆藏敦煌遗书"；西域文献采用BH作为代码，其中B系延用BD的第一个字母，指国家图书馆，H代表文献发现地和田。其后为征集入藏的批次号，以1、2、3……为序。最后为该批次文献的流水号，同样以1、2、3……为序。批次号与流水号之间以分隔符断开。完整的编号，即包括前述代码、批次号、流水号三部分，例如BH1-1、BH2-6、BH3-15等。这样设计编号，一则与同类文献保持一致，可以凸显馆藏的系统性；二则有助于显示文献入藏时间与顺序，同时为后续征集入藏文献的编号留下接口。这一编号体系已得到学术界认可，并在相关论著中广泛使用。

从材质方面看，馆藏西域文献分纸质、绢质、木质、桦树皮四种。其中纸质文献计 429 号，第一批 30 号全为纸质文献，第二批中有 57 号，第三批有 80 号，第四批有 262 号；木质文献包括木简与函牍两类，计 133 号，其中第二批有 3 号，第三批有 52 号，第四批有 71 号，第五批 7 号全部为木质文献；绢质文献，仅 1 号，即 BH2-36，有纪年"开元十八年七月"，书写文献 4 行；桦树皮文献，即第六批的 1 号，为桦树皮上书写梵文文献，残碎为多片。

从装帧形制方面看，馆藏西域文献具有鲜明的特色。纸质文献中，除普通的单页纸张外，部分佛典为梵夹装。规制较为完整的梵夹装，其纸张中部有两个圆圈和穿绳孔标记，如 BH4-3、BH4-9、BH4-16、BH4-50、BH4-156、BH4-231 等。有几件于阗文、粟特文文书带有缝线，如 BH5-47、BH5-48、BH5-135、BH5-136、BH5-174 等，此类线缝文献多为书信或契约、账目，缝合的目的大约为保密。此外，还有几件剪裁为鞋样状的文书，如 BH4-166、BH4-300、BH4-321，均为于阗文文献，据此可知于阗与高昌（吐鲁番）类似，唐代有以文献废纸制作葬具的习俗。

木质文献均为木简和木牍。数量较多的是普通木简，即简单削成平面的木条或扁状木片，藏文、于阗文、龟兹文、如尼文木简均有采用这种形制的。有的木简带有刻齿，主要是第三批 35 枚与第四批 3 枚，共计 38 枚。这些木简除 BH4-58、BH4-94 为于阗文文献外，其余均为汉文—于阗文双语书写。它们是于阗地区拔伽村百姓纳粮的凭据，木简上端正面所刻粗细不一的刻齿，刻齿粗宽者代表硕（石），细者代表斗，所记硕斗数与汉文、于阗文所记一致。

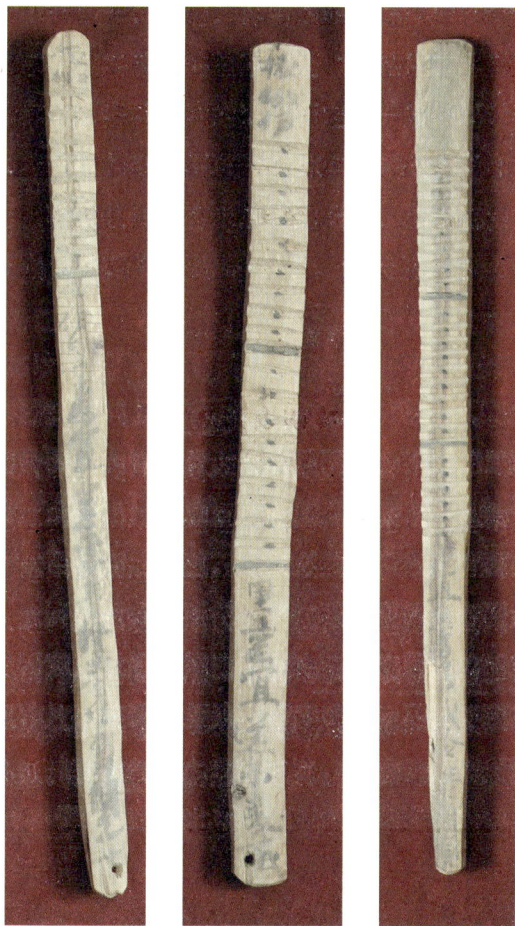

刻齿

　　木牍的形制有二种。其一是上部削为锐角的单片木牍，如 BH4-69、BH4-70、BH4-72、BH4-77 等，上部均削为锐角；而 BH4-71 则上下均削成锐角。这类木牍较木简更宽，能书写多行文字。其二为函牍，由底牍、封牍组成。此类型函牍共 13 块，所使用的文种有藏文、于阗文、佉卢字、龟兹文。

其中形制最为典型的是于阗文和佉卢字函牍。在 5 件于阗文函牍中，1 件仅存封牍，其余 4 件封牍、底牍完整。此类型函牍的底牍和封牍上均有孔眼，封牍外侧挖出方形小槽，用绳索穿过底牍和封牍的孔眼，在封牍上小槽内系好绳结，然后用封泥封住，并在封泥上钤印。第五批入藏中有 5 件佉卢文函牍，其中 2 件仅存底牍或封牍，3 件底牍、封牍完整。

函牍

从文种角度看，馆藏西域文献涵盖汉文、藏文、于阗文、粟特文、如尼文、佉卢文、梵文、焉耆—龟兹文、犹太波斯文等九种文字，还有于阗—汉文合璧文书。汉文文献 97 号，其中纸质文献有 95 号、木质文献 1 号、绢质文献 1 号；藏文文献 35 号，其中纸质文献 21 号，木质文献有 14 号，内 BH3–132 由 294 枚残碎木牍组成；于阗文文献 274 号，其中纸质文献 198 号、木质文献 76 号；于阗—汉文合璧文献 46 号，其中纸质文献 12 号、木质文献 34 号；粟特文文献 1 号，即 BH4–136 号，系将纸张折叠成细长条状，上有封泥，有缝线，尺寸为 13.8×1.2cm，与 BH4–135 号于阗文文献原本是合在一起的；如尼文文献 1 号，即 BH3–95 号木简，系单面阴刻；佉卢文文献 5 号，均为木牍；梵文文献 87 号，除 1 件为桦树皮写本外，其余均为纸质文献；焉耆文文献 3 号，均为纸质文献，应为佛经；龟兹文文献 3 号，其中纸质文献 1 号、木质文献 2 号，后者分别为酒帐和什物帐；犹太波斯文文献 1 号，即 BH1–19 号书信，一纸，38 行。未知文种的文献有 2 号，即 BH2–28、BH2–58。此外，还有纸质绘画 1 号，即 BH4–318 号祥云瑞鸟图残片；以及无字素纸 8 号。

部分馆藏西域文献带有纪年。其中有确切纪年的汉文文献有 34 号，最早者为唐开元十年（722）八月，最晚者为唐贞元六年（790）。没有纪年的文献，梵文、佉卢文文献年代有早至 4 世纪的，而藏文文献则有晚至 10 世纪的，时间跨度达 600 年。

这些西域文献内容丰富，涵盖政府公文、私人信札、契约、典籍、佛经等，为丝绸之路历史文化、中国对外关系史研究领域带来了新的研究课题，提供了珍贵史料。目前，这些文献已经得到国际学术界的关注，学者们的研究成果包括专著 3 部，论文 50 余篇（详见本书所附《国家图书馆藏西域文献研究论著简目》）。鉴于这批文献具有很高的学术价值，国家图书馆特设立西域文献专藏，并与馆内外学者合作，积极开展专藏建设。

由于文献价值突出，这些文献也引起了古籍整理专家的高度重视。《国家珍贵古籍名录》收入了四件西域

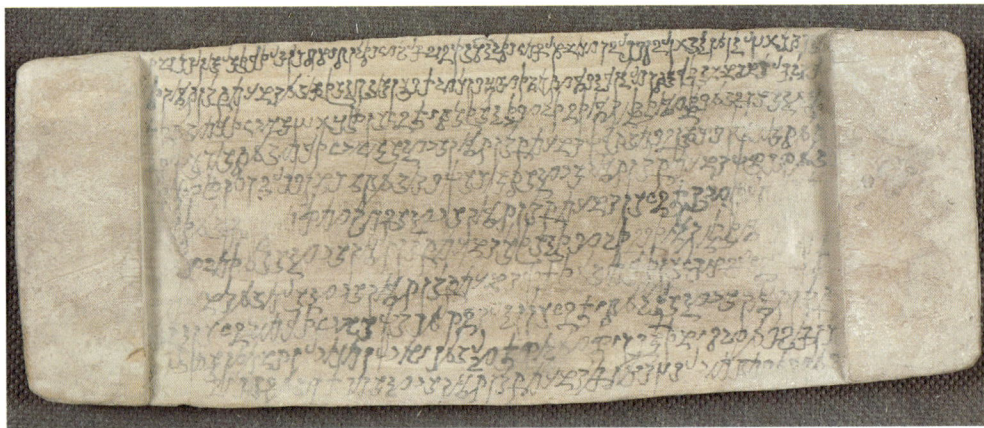

佉卢文马伊利王六年人命官司判决文书函牍

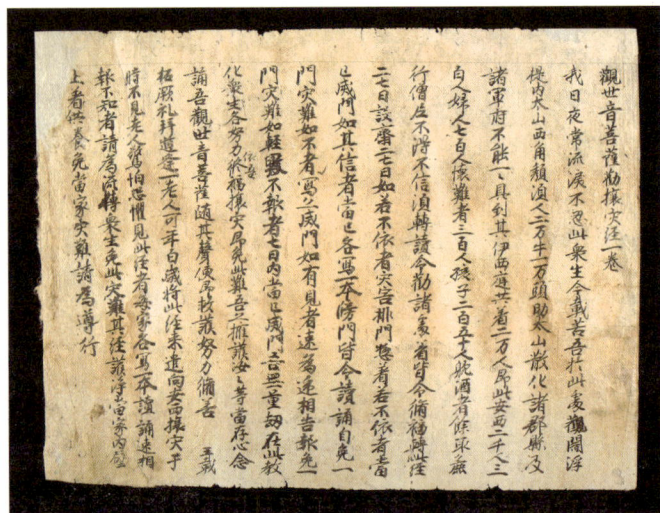

观世音菩萨劝攘灾经

文献：BH1-18，8 世纪写本于阗文《对治十五鬼护身符》（名录号 02284，题名著录为"陀罗尼一卷"）；BH2-24，8 至 9 世纪写本于阗文《金光明经散脂品》（名录号 09612）；BH1-12，唐写本《孝经郑氏解·卿大夫章》（名录号 06967）；BH2-14，元抄本藏文《般若波罗蜜经十万颂》（名录号 09641）。8 世纪写本《对治十五鬼护身符》还被收入《中华再造善本》，于 2014 年由国家图书馆出版社原大影印出版。

西域文献入藏时状况不佳，尤以纸质、绢质及桦树皮文献为甚。大部分纸质文献存在脏污、残损、揉皱等问题，如不进行修复保护，很难提供学者们研究利用。因此，国家图书馆向文献修复组下达了西域文献修复的专项任务，经与文献研究专家、古籍修复保护专家共同研究，制定了稳妥的修复方案，对纸质、绢质文献进行了全面修复，并进行了纸张检测。与此同时，在"中华古籍保护计划"的资助下，制作了木质文献的装具，大大改善了西域文献的保存状态。这些修复与保护工作，是国家图书馆西域文献专藏建设的重要内容。

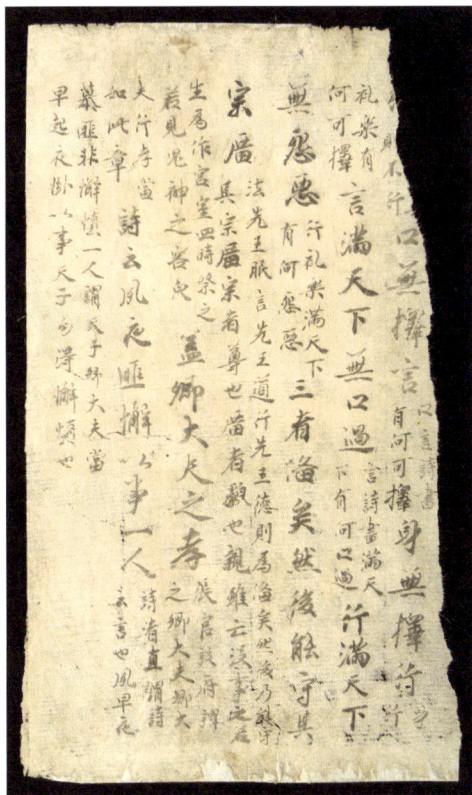

唐写本《孝经郑氏解·卿大夫章》

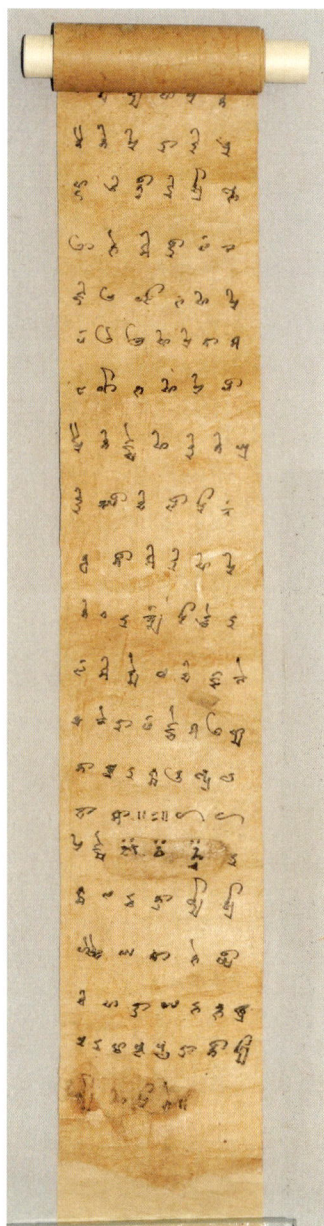

于阗文 8 世纪写本
《对治十五鬼护身符》

第二章　修复原则

　　修复原则是修复工作的指导思想，直接决定着整个修复工作的成败。馆藏西域文献修复之前，国家图书馆古籍修复人员首先广泛调研目前国内外古籍残片的修复和保存方法，进行对比分析，详细讨论各种方法的优劣。同时，修复人员仔细调查残片的残损情况，加以归纳总结，为制定修复原则提供参考。在制定修复方案和具体实施修复过程中，修复人员多次与文献研究专家展开会商，听取文献专家的建议。综合各方面的情况与意见，最终确定了西域文献残片的修复原则和技术路线。

古籍残片修复保护方法综述

　　对于古籍文书残片，目前业界比较通用的修复方法是，先对残片本身破损的地方进行修补，然后采用不同方式进行存放；一般不对破损处的边缘加以特别处理。目前常用的存放与保护方式有四种。

　　（1）纸夹存放。先修补残片破损处，然后用手工制成的纸夹存放。纸夹用传统的手工宣纸制成，可开可合，便于取用。所有材料都采用手工宣纸，无酸，有利于残片的长期保存。存放时，先用比纸夹规格略小且软而薄的皮纸上下夹托残片，再将之放入纸夹中。一定数量的纸夹（10个或20个），可层叠放置，外加函套，以方便管理与取用。国家图书馆采用这种方法修复并保存敦煌遗书残片，取得了良好的效果。

用纸夹存放残片

　　优点：使用的材料都是中国传统的手工纸；对残片
本身没有过多的干预。

　　缺点：对于边缘有字的残片，不能完全避免边缘与

外物磨擦时可能对文献造成的损害；残片用软而薄的皮
纸上下夹托，从纸夹里取出残片时，因皮纸本身质地较
软，缺乏支撑，有时颇感不便，也容易造成残片的损伤，
不利于残片存取。

（2）挖衬。先修补残片破损处；然后按照残片轮
廓，用刀挖出纸质圈框；将圈框作为衬叶夹入折好的书
叶内，再用稀浆糊将残片点粘镶嵌在书叶上；最后将修
复好的单叶装订成册。国家图书馆采取这种方法修复保
护西夏文献残片、书信等散页文献。

优点：残片镶嵌在皮纸当中，可以避免取用时直接
触摸残片；将残片与皮纸镶接形成单叶，既可以用单叶
形式保存，又可以将其装订成册。

缺点：无法直接看到文献背面的信息。

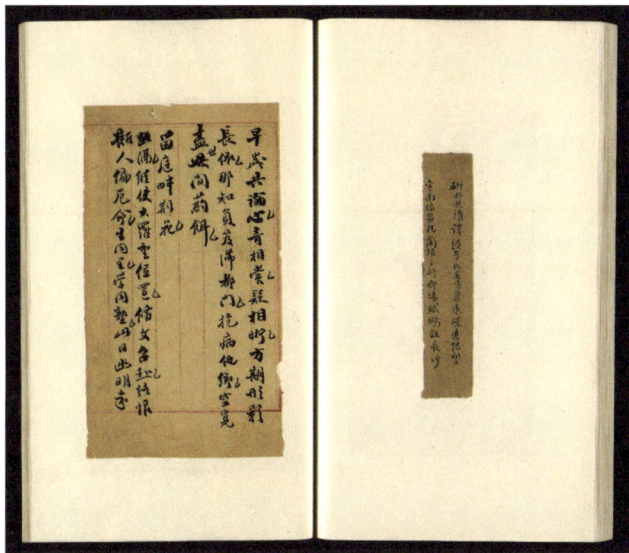

以挖衬法修复的书信

（3）塑封。将残片夹于聚酯材料制成的透明薄片之间，经热压、缝线，对残片进行固定并密封保存。缝线有两个作用：缝线走向与残片边缘基本一致，可以起到固定残片的作用；缝线时在透明薄片上产生针孔，可以起到透气的作用。欧美一些图书馆及博物馆，较多地采用这种塑封方法保存古籍或文书残片。

图例：
- 残片
- 缝线
- 透明聚酯薄片
- 热封压痕

塑封存放残片

优点：残片被固定在透明薄片中间，方便翻动，且便于考察书写在残片背面的文献。

缺点：缝线处和残片的边缘不能完全吻合，必然留有一定宽度的缝隙，残片难免会有一定幅度的移动，从而可能对边缘造成新的磨损。尤其是边缘带有字迹的残片，容易造成文献方面的损失。另外，透明聚酯材料薄片并非传统手工材料，且长期使用容易开裂，有可能对文献造成新的损害。

（4）玻璃片固定。将残片夹在两块玻璃板之间，四周用胶布密封固定。此法主要应用于欧美国家的一些图书馆和博物馆。国家图书馆所藏西夏文献，也有少数几件是用这种办法保存的。

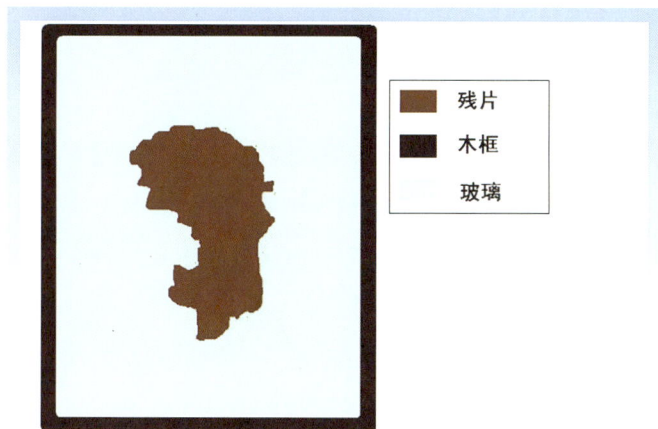

残片
木框
玻璃

玻璃片固定残片

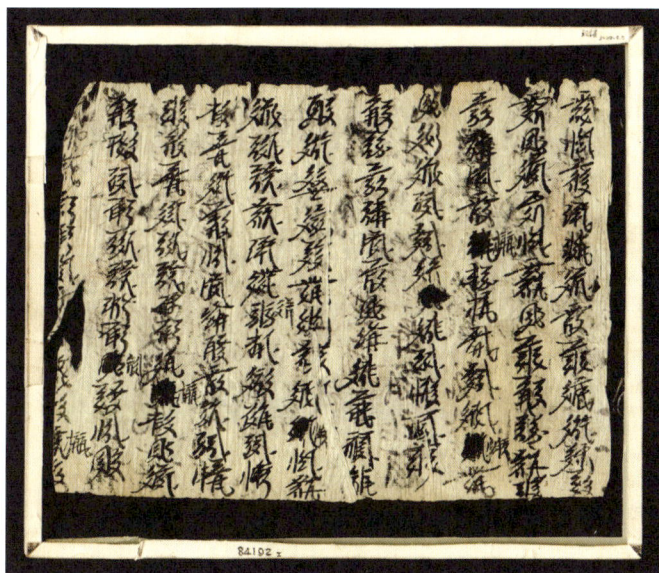

以玻璃片固定的西夏文《坛经》写本残片

优点：残片被固定在透明玻璃中间，可直接阅读；翻动较为方便，翻动时也不必触摸文献原件。

缺点：玻璃片非传统手工材料，易碎。文献夹入玻璃片之间的过程不可逆，如果将来认为此法不适合存放古籍残片，从玻璃片中间取出残片的过程，可能会对残片造成损害。

以上四种修复和保存古籍残片的方法，都没有对残片的边缘进行处理。从文献保护的角度看，残片边缘不可避免地会与外物产生摩擦，有字的残片边缘在发生磨损时，容易造成文献的损失。

国内修复人员也曾尝试用手工纸浆补书的方法修补古籍残片的边缘，即用纸浆成纸的方法给残片镶接出一个较宽的边，达到保护残片边缘的目的。但纸浆补法用水量过大，可能会改变文献的性状与外观，破坏残片表面留存的历史信息。

馆藏西域文献残损情况调查

馆藏纸本西域文献均为残片。最大的长23.5cm，宽4.8cm。最小的长1.5cm，宽2.8cm。经调查，这批文献普遍存在污损、残破等情况，其病害主要有如下几类：

（1）文献表面有污迹。所有残片表面或多或少都附着污物，有粒径较大的沙粒（如BH3-58），有粒径较小的灰土，有泥斑（如BH3-74）、水渍，还有霉斑（如BH4-139）、鸟粪（如BH4-26）等。

BH3-58 表面附着沙粒

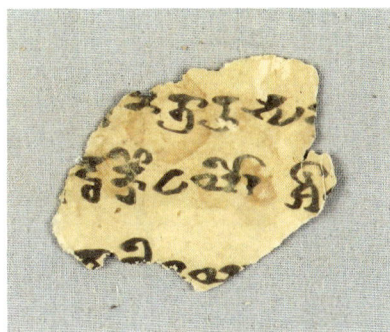

BH4-26 表面附着鸟粪

（2）焦脆。有的残片碎裂成多片，纸张颜色发黄，质地较为脆弱，且稍加翻动便有纸屑脱落（如BH3-60）。

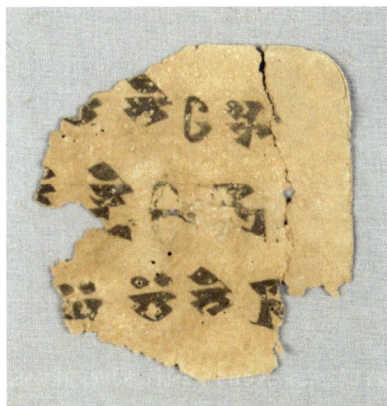

BH3-60 纸质焦脆

（3）烟熏痕迹。部分残片因曾经烟熏，颜色变黑（BH3-63）。尤其是文字的笔划部分，往往因烟薰而脆化、脱落（BH3-75）。

BH3-63 烟熏变黑

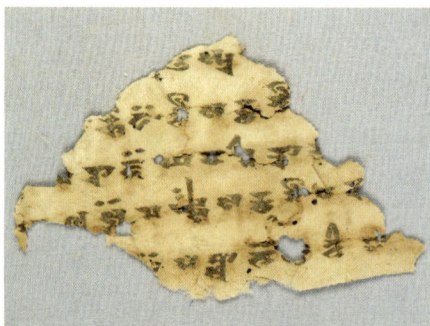

BH3-75 烟熏脆化

（4）糟朽，絮化（BH4-161）。

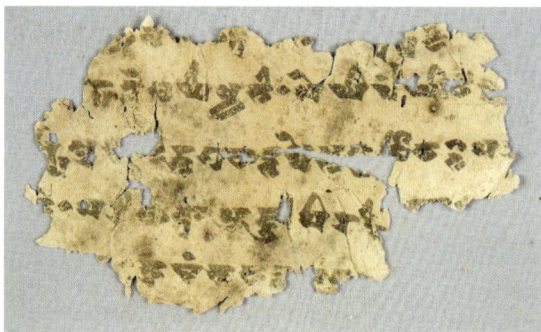

BH4-161 絮化

（5）残片褶皱、卷曲，遮盖字迹。

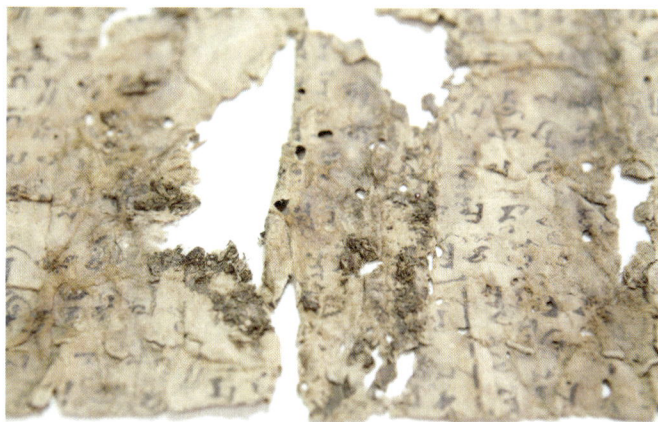

BH4-235 局部褶皱卷曲

（6）部分残片有虫蛀现象。

（7）大多数残片的残损边缘有字迹。

（8）双层粘连。即两张书叶粘连在一起，内层往往有文字，纸张较脆且硬（如 BH3-60、BH3-61、BH3-63）。

BH3-60 双层粘连

BH3-61 双层粘连

BH3-63 双层粘连

（9）书写文献所用的墨不够稳定，容易脱落。

从以上调查结果来看，馆藏纸本西域文献属于严重破损，需要进行抢救性的修复，以阻止病害继续发展，避免文献受损部分脱落或灭失，同时为文献研究提供便利。

西域文献修复应遵循的原则

西域文献的年代范围、发现地点、载体材质、保存状况等，都与敦煌遗书残片有较多的共同点，因此我们在制定修复方案的过程中，主要参考了馆藏敦煌遗书的修复经验。

国家图书馆早期曾使用整卷托裱的方法修复敦煌遗书，效果不佳，没有批量推开。在认真检讨传统托裱工艺、总结几十年来古籍修复的经验教训并充分借鉴西方修复经验教训的基础上，国家图书馆提出了敦煌遗书修复的新原则、新方案。其修复原则主要包括四个方面：

其一，整旧如旧，即尽可能保留文献原貌。"整旧如旧"的"旧"，指的不是文献未经使用、未被损坏前的原貌，而是修复之前的面貌。修复工作仅仅修补文献的残破部分，不改变文献的现有形态与状况。其二，最少干预，即尽可能少对原卷进行修补，只进行必不可少的处理。坚决摒弃传统的通卷托裱修复方法，根据每一件残片的不同残破状态采取不同修复工艺。其三，要求修复时所加裱补纸与原卷必须有明显区别，以便突出残片原件的面貌，避免修复材料对文书研究造成干扰。其四，过程可逆，即修复工作对残片不能造成不可逆转的

变化，不能对残片造成新的损害。❶

　　在这些原则指导下，馆藏敦煌遗书的修复工作取得了显著的成绩，既最大限度地保留了文献的原貌，又大大加快了修复工作的效率，满足了学术研究、馆藏管理等各方面的需求，得到学术界、古籍修复界的一致肯定和普遍接受，成为古籍修复的一般原则。

　　馆藏纸本西域文献残片的修复，同样遵循上述四个方面的原则，以"抢救为主、治病为辅"，开展修复保护工作。

　　在文献入藏之初，我们邀请西域文献研究专家和古籍修复专家，就如何进行保护和修复展开讨论。专家们在考察文献入藏时状况的基础上，明确强调了修复方案的基本原则，即在对文献进行有效保护的同时，最大限度地保留文献入藏时的原貌，保留文献表面遗留的历史信息。具体有两个方面的要求：（1）对于文献表面的污迹，如不会造成文献的继续损害，则不必去除；（2）对编号不同但可以缀合的残片，修复时不进行缀合处理，按原编号分别修复、保存，而将缀合工作留到下一步的文献研究环节中进行。

　　根据修复原则和文献研究专家的指导，修复人员确定了西域文献修复的技术路线。总体上说，修复过程包括除尘、去污、展平、补破、缀合、镶接、压平、存放

❶ 以上四条修复原则，参见方广锠《〈中国国家图书馆藏敦煌遗书〉前言》，《中国国家图书馆藏敦煌遗书》第1册，南京：江苏古籍出版社1999年，第5—6页；又见方广锠《国家图书馆敦煌遗书的修复方案》，《文津流觞》第6期，2002年7月。

等步骤；采用改良之后的纸夹存放法保存修复后的残片。其中镶接法是古籍修复的一种新方法，它有效地解决了残片残损边缘字迹的保护问题；与之相应，纸夹存放也是目前保存古籍残片较为科学的方式。

上述修复原则是馆藏西域文献修复的总体性的指导原则，具体实施修复时，需根据每一件文献残片的具体情况，制定不同的修复方案。

第三章　纸张检测与分析

现代显微技术是纸质文物研究和修复中不可或缺的研究手段。应用显微镜对纸质文物进行观察和分析，可以获得纤维表面形态、纸张工艺和纤维特性等信息，同时还可以获得表面图像、分散纤维图像、纤维长宽、纤维配比等数据，为文献断代、修复用纸选配提供参考和依据。

纸张测量数据

在开展修复前，我们对残片的纸张进行了抽样测量，包括纸张厚度测量与纸张纤维测量。

根据国家标准 GB/T451.3-2002 纸和纸板厚度的测定，用厚度仪测量纸样厚度。测量时，在同一张纸上选取至少 3 个点，分别进行测量，然后计算出平均值。

纸张纤维测量，包括长度测量、宽度测量、配比等内容。测量所用的样本为西域文书残片的碎屑，取样过程不损伤残片本身。将适量的样品纤维制成分散程度较高、染色较重的显微试片，使用 XWY-Ⅷ型纸张纤维分析仪进行纤维测量。具体测量方法如下：

（1）纤维长度测量方法

打开测量软件，根据纤维长度选择合适的放大倍数及测量模式，输入样品信息，开始进行测量。测量模式有自动测量、半自动测量和手动测量三种，可根据纤维的疏密与缠绕情况进行选择。自动测量模式下，系统自动寻找纤维端头及纤维测量路径，适用于分散较好、基本无纤维交叉点的试片或视野；半自动测量需人工干预，即在交叉点用鼠标点击指定测量路径，适用于分散较好、交叉点较少的试片或视野；在纤维分散较差、交叉点多的情况下，应选择手动测量，人工指定端头及测量路径。这几种测量方法可以随时切换。

纤维长度测量时应注意：只测量纤维本身的长度；需按顺序将视野内可分辨路径的纤维尽数测到，以避免误差；试片染色应较重，且需尽量稀薄，以免纤维缠绕干扰测量。测足所需数量后，进行数据处理，系统自动计算均值，绘出分布图，出具检测报告。

（2）纤维宽度测量方法

选择宽度测量模式，输入样品信息，开始进行测量。测量方式有自动测量和手动测量两种。采用自动测量时，选择有代表性的纤维位置，标记拟测部位，全部标记完毕后，系统自动确定边界，测量宽度。采用手动测量时，须人工确定边界，再由系统计算宽度。

纤维宽度测量时应注意：需将视野内可辨别出边界的纤维尽量测到，以免产生误差；试片可较长度测量时稍稠密，染色应较重；只测量纤维，不测量杂细胞。测足所需数量后，进行数据处理，系统自动计算均值，绘出分布图，出具检测报告。

（3）纤维配比测量方法

选择配比测量模式，输入样品信息，并确定每种纤维的编号，开始进行测量。测量方式为，用"十字测线"

将视野以十字线分为四个象限，视野内纤维可分为偏向平行和偏向竖直两部分，分别进行测量；测量竖直纤维时，只穿过一次水平线的纤维计数一次，穿过两次水平线的计数两次，未穿过的不计；测量水平纤维时与平行纤维相似，以竖直线代替水平线。同一视野内不同纤维依编号分别计数完毕后，移至下一视野继续测量。为避免重复，移动距离需间隔一个纤维长度。

配比测量计数时，应将视野内可分辨种类的纤维尽数测到，以免产生误差。测足数量后，进行数据处理，系统自动计算配比，绘出柱状图，出具检测报告。

（4）纤维原料分析

使用纤维分析仪，选择合适的放大倍数和动态观察模式，观察样品的纤维图像。根据不同纤维原料的特征形态，结合纤维的长度、宽度等数据，可确定样品的原料组成。

在此列出纸张厚度、纤维宽度测量数据即纤维原料分析结果，供纸张研究人员参考。

表 1：西域文献纸张厚度抽样测量数据（单位 mm）

样品编号	纸张厚度 1	纸张厚度 2	纸张厚度 3	平均厚度
BH3-58	0.216	0.222	0.207	0.215
BH3-59	0.137	0.132	0.130	0.133
BH3-60	0.179	0.199	0.181	0.559
BH3-61	0.179	0.181	0.173	0.178
BH3-62	0.120	0.128	0.129	0.126
BH3-63	0.120	0.109	——	0.115
BH3-64	0.122	0.140	0.129	0.130
BH3-65	0.122	0.110	——	0.116
BH3-66	0.180	0.165	0.161	0.169

样品编号	纸张厚度 1	纸张厚度 2	纸张厚度 3	平均厚度
BH3-67	0.161	0.159	0.173	0.164
BH3-68	0.169	0.162	0.157	0.163
BH3-69	0.240	0.225	0.231	0.232
BH3-70	0.170	0.179	0.172	0.174
BH3-71	0.132	0.140	0.123	0.132
BH3-72	0.135	0.130	0.132	0.132
BH3-73	0.138	0.149	0.140	0.142
BH3-74	0.151	0.147	0.150	0.149
BH3-75	0.162	0.147	0.148	0.152
BH3-76	0.132	0.150	0.139	0.140
BH3-77	0.175	0.162	——	0.169
BH3-78	0.154	0.167	0.175	0.165
BH3-79	0.130	0.147	0.135	0.137
BH4-1	0.119	0.104	0.108	0.111
BH4-3	0.171	0.180	0.185	0.179
BH4-4	0.151	0.160	0.163	0.158
BH4-5	0.197	0.202	0.186	0.195
BH4-6	0.185	0.179	0.170	0.178
BH4-7	0.150	0.173	0.166	0.163
BH4-8	0.181	0.173	0.180	0.178
BH4-9	0.120	0.110	0.131	0.120
BH4-10	0.140	0.138	0.122	0.133
BH4-12	0.180	0.200	0.195	0.192
BH4-13	0.161	0.170	0.163	0.165
BH4-14	0.138	0.139	0.142	0.140
BH4-15	0.169	0.191	0.202	0.187
BH4-16	0.170	0.194	0.179	0.181
BH4-17	0.170	0.171	0.185	0.175
BH4-18	0.162	0.161	0.169	0.164
BH4-19	0.218	0.192	0.207	0.206
BH4-20	0.162	0.169	0.171	0.167
BH4-21	0.165	0.170	0.167	0.167
BH4-22	0.205	0.185	0.190	0.193
BH4-23	0.163	0.170	0.122	0.152
BH4-24	0.158	0.161	0.165	0.161
BH4-25	0.160	0.171	——	0.166
BH4-26	0.172	0.174	0.186	0.177
BH4-27	0.125	0.151	0.160	0.145
BH4-28	0.164	0.169	0.194	0.176
BH4-29	0.192	0.185	0.175	0.184

样品编号	纸张厚度 1	纸张厚度 2	纸张厚度 3	平均厚度
BH4-30	0.131	0.123	0.140	0.131
BH4-31	0.170	0.175	0.201	0.182
BH4-32	0.195	0.187	0.170	0.184
BH4-34	0.160	0.160	0.129	0.150
BH4-50	0.172	0.159	0.157	0.163
BH4-137	0.122	0.130	0.108	0.120
BH4-138	0.145	0.137	0.131	0.138
BH4-139	0.188	0.206	0.220	0.205
BH4-140	0.155	0.161	0.135	0.150
BH4-141	0.125	0.142	0.137	0.135
BH4-142	0.130	0.128	0.172	0.143
BH4-143	0.132	0.130	0.139	0.134
BH4-144	0.145	0.150	0.147	0.147
BH4-145	0.111	0.124	0.127	0.121
BH4-146	0.155	0.155	0.150	0.153
BH4-147	0.198	0..197	0.173	0.124
BH4-148	0.159	0.153	0.167	0.160
BH4-149	0.168	0.153	0.170	0.164
BH4-150	0.133	0.151	0.128	0.137
BH4-151	0.155	0.159	0.154	0.156
BH4-152	0.168	0.182	0.177	0.176
BH4-153	0.234	0.220	0.232	0.229
BH4-154	0.160	0.171	0.129	0.153
BH4-155	0.210	0.186	0.192	0.196
BH4-156	0.208	0.199	0.205	0.204
BH4-157	0.222	0.219	0.238	0.226
BH4-158	0.190	0.215	0.206	0.204
BH4-159	0.110	0.092	0.119	0.107
BH4-160	0.082	0.090	0.083	0.085
BH4-161	0.155	0.157	0.171	0.161
BH4-162	0.156	0.182	0.198	0.179
BH4-163	0.120	0.103	0.095	0.106
BH4-164	0.121	0.104	0.118	0.114
BH4-220	0.171	0.183	0.220	0.191
BH4-221	0.290	0.300	0.290	0.293

　　由上表可知，绝大部分西域文献的纸张厚度在 0.1 至 0.23mm 之间；少数纸张较厚，最厚者超过 0.55mm。

表 2：西域文献纤维宽度抽样测量数据（单位 um）

样品编号	平均纤维宽度	标准差	最小纤维宽度	最大纤维宽度
BH3-58	26.35	4.48	23.07	34.67
BH3-59	28.52	4.27	22.71	35.59
BH3-60	27.68	4.17	20.00	33.20
BH3-61	27.91	5.94	20.47	34.56
BH3-62	28.09	6.32	20.63	38.86
BH3-63	25.37	4.25	20.40	34.07
BH3-64	27.24	2.97	22.34	31.20
BH3-65	28.77	6.55	21.55	39.41
BH3-66	26.91	4.77	21.70	37.34
BH3-67	29.64	6.36	22.13	42.10
BH3-68	26.61	3.13	22.13	32.09
BH3-69	26.80	5.54	19.12	38.05
BH3-70	29.68	8.81	19.51	55.05
BH3-71	27.80	2.94	23.97	32.26
BH3-72	26.59	3.20	21.31	32.97
BH3-73	26.38	5.45	21.44	37.48
BH3-74	26.62	6.68	18.23	37.90
BH3-75	24.64	4.11	17.84	31.44
BH3-76	28.67	4.56	22.66	36.11
BH3-77	27.08	4.83	19.33	36.43
BH3-78	26.02	2.62	22.32	31.07
BH3-79	24.53	3.32	19.80	29.57
BH4-1	28.11	4.05	23.37	37.34
BH4-2	25.58	6.4	17.58	40.01
BH4-3	23.74	4.81	17.58	33.00
BH4-4	24.51	4.00	17.71	32.73
BH4-5	25.53	4.24	20.38	33.75
BH4-6	27.14	3.74	22.13	34.68
BH4-7	24.26	3.56	21.81	33.46
BH4-8	27.01	4.88	21.31	37.90
BH4-9	26.72	3.60	21.44	32.84
BH4-10	25.20	3.62	18.23	32.04
BH4-11	22.89	2.80	18.54	28.73
BH4-12	24.05	3.85	18.67	30.15
BH4-13	24.21	3.77	19.34	32.25
BH4-14	23.94	4.15	17.57	30.38
BH4-15	24.85	3.54	19.21	32.01
BH4-16	24.83	4.27	17.36	33.52

样品编号	平均纤维宽度	标准差	最小纤维宽度	最大纤维宽度
BH4-17	24.97	3.62	17.82	30.85
BH4-18	25.72	6.41	17.50	35.91
BH4-19	24.17	3.96	17.89	29.17
BH4-20	21.85	2.67	17.28	25.20
BH4-21	25.44	3.49	18.05	31.78
BH4-22	26.76	6.16	16.70	40.39
BH4-23	24.02	3.83	20.41	32.43
BH4-24	23.43	4.53	19.26	33.00
BH4-26	24.17	3.32	18.13	29.52
BH4-27	24.33	4.05	19.51	33.63
BH4-28	25.10	4.84	15.80	32.25
BH4-29	26.94	4.84	20.91	35.71
BH4-30	25.42	4.62	16.58	32.03
BH4-31	26.63	4.42	20.40	35.18
BH4-32	24.05	3.52	19.07	32.26
BH4-33	23.66	3.99	18.13	31.69
BH4-34	24.76	5.07	18.31	36.10
BH4-50	23.11	3.76	16.70	30.45
BH4-137	24.75	3.81	19.21	32.01
BH4-138	23.23	4.69	16.75	34.34
BH4-139	25.83	4.49	20.01	35.69
BH4-140	23.74	3.18	19.53	28.86
BH4-141	23.34	3.71	16.98	28.54
BH4-142	25.32	3.15	20.19	29.34
BH4-143	24.28	3.65	17.89	31.12
BH4-144	24.46	5.24	17.71	36.96
BH4-145	24.80	4.28	16.58	31.44
BH4-146	23.33	3.69	17.20	29.90
BH4-147	24.93	3.72	19.26	32.84
BH4-148	25.06	3.69	19.98	30.83
BH4-149	22.99	3.32	17.84	28.21
BH4-150	25.17	4.23	16.53	31.60
BH4-151	23.54	3.67	18.31	31.83
BH4-152	25.00	3.18	19.53	29.98
BH4-153	26.10	4.80	16.75	33.42
BH4-154	24.30	4.42	19.06	34.14
BH4-155	24.75	3.26	20.27	31.93
BH4-156	25.80	3.13	19.41	29.63
BH4-157	24.33	4.34	18.85	32.12
BH4-158	24.30	3.76	18.85	32.03

样品编号	平均纤维宽度	标准差	最小纤维宽度	最大纤维宽度
BH4-159	21.03	3.83	15.65	30.69
BH4-160	22.01	2.26	17.50	25.17
BH4-161	24.91	3.96	17.49	30.10
BH4-162	23.95	3.44	19.41	28.26
BH4-163	23.61	4.23	17.20	30.22
BH4-164	23.32	3.73	18.13	29.19
BH4-220	24.48	3.76	19.06	31.49
BH4-221	23.08	3.78	18.54	32.04

由上表可知，西域文献纸张纤维的平均宽度大多在 23 至 29um，最小纤维宽度不到 16um，最大纤维宽度超过 55um。

表 3：纤维原料分析表

样品编号	纤维原料分析
BH2-1	皮纸。样本外观为蓝色，染色后无变化。有淀粉类填料。
BH2-10	皮纸。样本外观为浅黄色，染色后变深、变蓝，有淀粉类填料。
BH2-11	皮纸。样本外观为浅黄色，染色后变深，略显紫红色。有淀粉类填料。
BH2-12	皮纸。样本外观为浅黄色，染色后变深，略显紫红色。有淀粉类填料。
BH2-13	皮纸。样本外观为浅黄色，染色后紫红。有淀粉类填料。
BH2-14	皮纸。样本外观为浅黄色，染色后紫红。有淀粉类填料。
BH2-15	皮纸。样本外观为浅黄色，染色后紫红。有淀粉类填料。
BH2-16	皮纸。样本外观为浅黄色，染色后紫红。有淀粉类填料。
BH2-17	皮纸。样本外观为浅黄色，染色后紫红。有淀粉类填料。
BH2-18	皮纸。样本外观为浅黄色，染色后变深，偏紫红色。有淀粉类填料。
BH2-19	皮纸。样本外观为浅黄色，染色后紫红。有淀粉类填料。
BH2-2	皮纸。样本外观为黄色，染色后蓝黑。有淀粉类填料。
BH2-3	皮纸。样本外观为黄色，染色后蓝黑。有淀粉类填料。
BH2-4	皮纸。样本外观为浅黄色，染色后变深、变蓝。有淀粉类填料。
BH2-5	皮纸。样本外观为浅黄色，染色后变深、变蓝。有淀粉类填料。
BH2-6	皮纸。样本外观为浅黄色，染色后变深、变蓝。有淀粉类填料。
BH2-7	皮纸。样本外观为浅黄色，染色后变深、变蓝。有淀粉类填料。
BH2-8	皮纸。样本外观为浅黄色，染色后变深、变蓝。有淀粉类填料。
BH2-9	皮纸。样本外观为浅黄色，染色后变深、变蓝。有淀粉类填料。
BH4-134	麻纸。有淀粉类填料。
BH4-135	麻纸。有淀粉类填料。

样品编号	纤维原料分析
BH4-165	麻纸。有淀粉类填料。
BH4-166	麻纸。有淀粉类填料。
BH4-167	麻纸。有淀粉类填料。
BH4-168	麻纸。有淀粉类填料。
BH4-169	麻纸。无明显填料。
BH4-170	麻纸。有淀粉类填料。
BH4-171	麻纸。无明显填料。
BH4-172	麻纸。无明显填料。
BH4-173	皮纸。无明显填料。
BH4-174	混合纸，含皮、麻两种纤维。无明显填料。
BH4-175	麻纸。无明显填料。
BH4-176	麻纸。无明显填料。
BH4-177	麻纸。无明显填料。
BH4-178	麻纸。有较多淀粉类填料。
BH4-179	皮纸。
BH4-246	皮纸。
BH4-311	皮纸。
BH4-313	皮纸。
BH4-315	皮纸。
BH4-330	皮纸。
BH4-331	皮纸。
BH4-333	皮纸。

　　由上表可知，西域文献所用纸张主要为麻纸、皮纸二种；另有少量混合纸，其原料也是麻与树皮。超过一半的纸张中，添加了淀粉类填料。

纸张纤维图像

　　进行纤维测量的同时，我们用纸张纤维分析仪拍摄了样本纤维不同倍率的照片，如40倍、100倍、200倍、400倍等。在此选登其中的一部分，供纸张研究者参考。

BH3-60（100 倍）

BH3-60（200 倍）

BH3-60（400 倍）

BH4-2（100 倍）

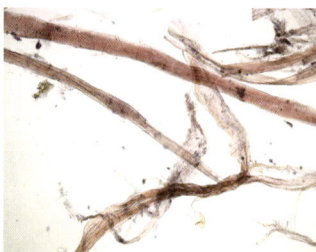

BH4-2（200 倍）

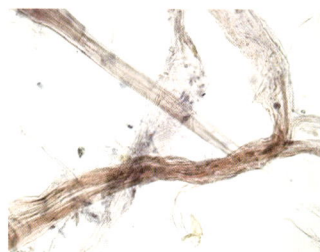

BH4-2（400 倍）

BH4-11（100 倍）

BH4-11（200 倍）

BH4-11（400 倍）

BH4-146（100 倍）

BH4-146（200 倍）

BH4-146（400 倍）

BH2-1（100倍）

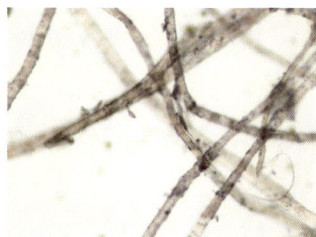

BH2-1（200倍）

BH2-4（100倍）

BH2-4（200倍）

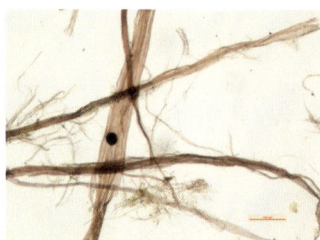

BH4-169（100倍）

BH4-169（200倍）

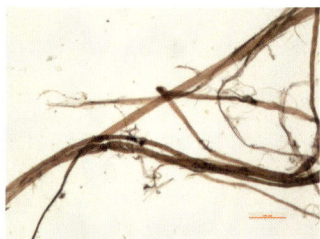

BH4-177（100倍）

BH4-177（200倍）

 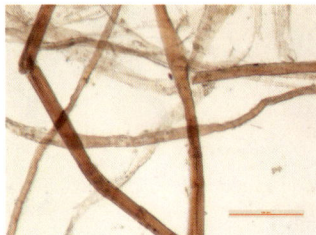

BH4-174（100倍）　　　　BH4-174（200倍）

第四章　修复材料和工具

　　修复材料的选择对整个修复工作来说非常重要，它是修复成功与否的关键因素之一。修复材料的选用主要掌握两个原则：其一是相似性原则，即补纸等修复材料须与修复对象在材质、强度、颜色等方面较为接近，以确保补纸与原文献契合无间；其二是区别性原则，即修复材料与修复对象应有一定区别，以方便辨识，避免对文献研究产生误导。本章主要介绍修复材料与修复工具的选用。

修复用纸

　　从检测结果来看，西域文献残片纸张大多为麻纸，也有少量皮纸。厚度在 0.085—0.559mm 之间，平均值为 0.161mm，大多数范围在 0.106—0.232mm 之间。

　　根据每件西域文献纸张的不同情况，依修补位置、粘接手法的不同，我们分别选用贵州皮纸和马尼拉麻纸作为补纸，并使用植物染料进行染色。

　　贵州皮纸购自贵州省丹寨县，这种旧皮纸抄制于 1960 年代。整张纸的规格为 133×33cm，厚度在 0.080—0.095mm 之间，薄厚均匀，韧性较好，表面细腻光洁。贵州皮纸一般用于修补残片边缘及残片无字区域的破洞、裂缝。

　　镶接过程中，少量地使用了透明的马尼拉麻纸。这种纸张系浙江宁波生产，整张纸的规格为 $60 \times 80cm$。较薄且透明，且强度、韧性都比较高。马尼拉麻纸用于修补有字迹的残破部位。使用马尼拉麻纸的搭接部位，字迹可清楚辨识，对文献研究的影响很小。

染料

补纸使用前须染色。染料选用橡碗（橡树果实外壳）和黄檗。染色要求与残片颜色相近但略浅。

橡碗

黄檗

粘接剂

目前纸质文物修复所用粘接剂主要为小麦浆糊和去面筋的小麦淀粉浆糊两种。用其粘接的纸张，遇水后便可重新揭开，便于后人继续开展相关修复工作，确保修复过程具有可逆性。淀粉浆糊植物蛋白含量少，与面粉浆糊相比防腐防霉性更好，凝固后的韧性也要更好一些。

本次修复所用浆糊系以小麦淀粉冲制而成。冲制方法为：取淀粉 100 克放进盆或碗中，根据使用需要加冷水 80—100 毫升，和匀，再用 200—220 毫升沸水冲开，冲熟。掌握浆糊稠度的总原则是"能粘住，尽量稀"，具体稀稠依所修补残片的情况而定，一般纸厚时浆糊稍浓一些，纸薄时浆糊稍稀一些，水与淀粉比例为1%–3%。为防止稀释后浆糊中有未溶解的凝块，小麦淀粉在使用前必须过筛（筛孔径约 60 目）。每天使用的浆糊随用随调。

工具及设备

西域文献残片修复项目所用工具有：

毛笔：选用小狼毫笔。有两种用途，一是用来上浆糊，二是用来润湿除尘。

水笔：即修复专用水笔。这种水笔的笔筒内可盛纯净水，水可从笔尖渗出。水笔用于将纸张洇湿，划出需要的形状，依水痕用手将纸张撕出需要的形状。这样撕出的补纸，其边缘为自然的毛边。

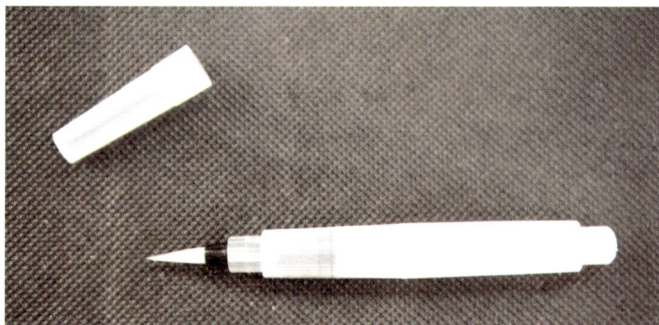

水笔

软毛刷：一种小型软毛刷，用来扫除残片上的浮土和细沙。

修复工具

镊子：使用医用眼睫毛镊子。根据具体情况选用尖头、圆头或弯头镊子。修复过程中用来夹取比较小的纸条或搭接纸张纤维。

放大镜：修复边缘有字迹的残片时，要求补纸不能遮挡文字，往往只能用纸张纤维进行搭接，此时肉眼无法看清纤维的情况，需要在 5—10 倍的放大镜下完成操作。

吸水纸：一般用吸水性较好的草纸或木浆纸。展平残片时和修复完成后压平时，使用吸水纸吸走多余的水分。

裁纸板、铅砣

裁纸板：用于裁切补纸的毛边。

裁纸刀：用于裁切补纸的毛边。

压书板：用于压平残片。规格大小不一，根据文献尺寸选用。

铅砣：压平残片时置于压书板上面，增加压力。根据情况选用。

压书石：压平残片时置于压书板上面，增加压力。根据情况选用。

压书板、压书石

修复工作台：修复人员使用的工作台，一般长 1.8
米，宽 0.9 米。

案子：用于压平文献。

大墙：有木墙和纸墙两种规格。制作补纸的过程中
用于绷平托纸。

木墙

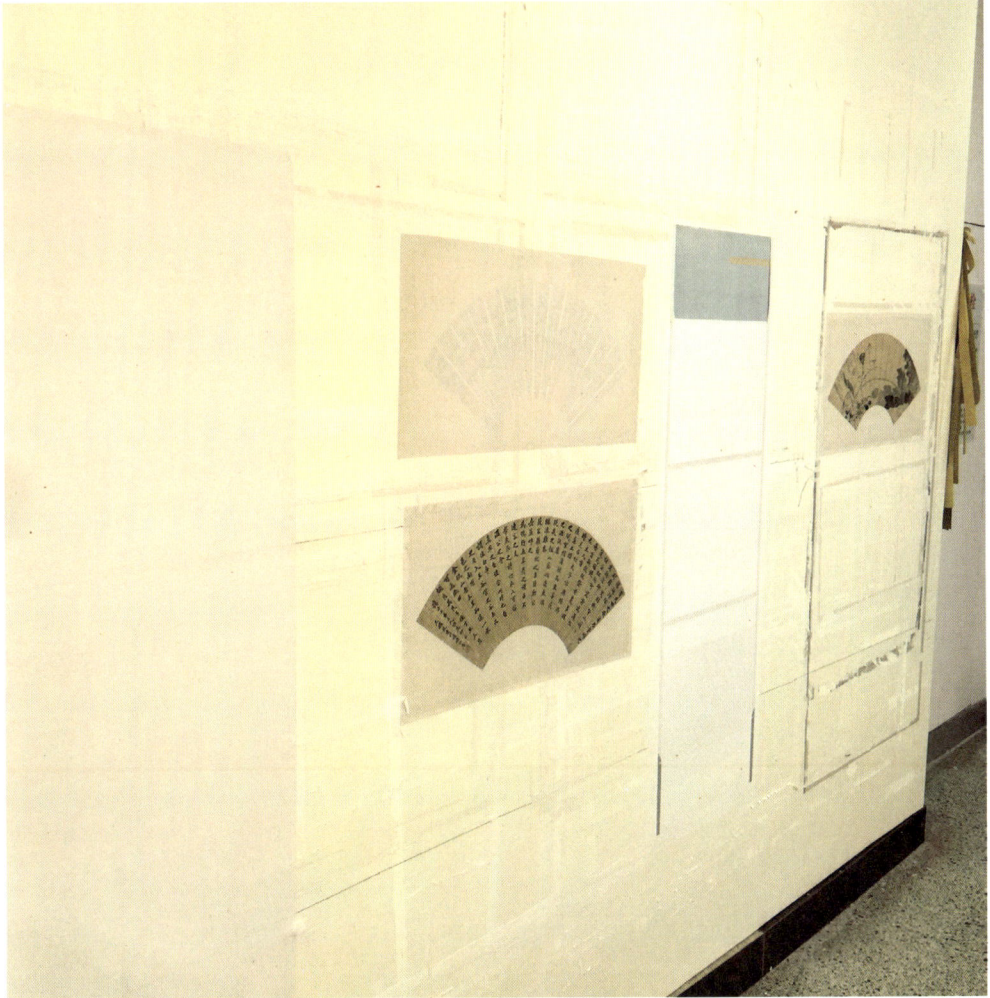

纸墙

第五章　技术路线与操作规范

　　根据修复原则与纸质文献残片的残损情况，修复人员制定了馆藏西域纸本文献修复的技术路线：残片的修复包括准备、除尘、去污、展平、补破、缀合、镶接、压平、裁边、存放等工艺流程。

　　需要特别指出的是，根据每件残片的不同情况，采用的修复步骤有所不同。本章阐述的是完整、通用的修复流程及其技术要领。修复工作的细节，以及某些特殊情况的处理方法，在"修复案例解析"一章中详加说明。

修复准备

　　这里说的修复前的准备，主要指修复材料、修复工具等方面的准备，不包括残片状况调查、修复方案制定等宏观的准备工作。事实上，残片状况调查、修复方案制定均应在修复之前完成，在此不再赘述。

　　首先在修复台上铺一张白色的吸水纸，上面再铺一张稍小的化纤纸。吸水纸的作用是吸收多余的水分，化纤纸则能防止粘连。将裁纸板、软尺、镊子、针锥、水笔、裁纸刀等工具置于修复人员右侧，浆糊碗、水碗和毛笔置于左侧。准备就绪后，取出残片放在化纤纸上，用铅笔将其编号记录在一张宣纸条上，修复过程中必须始终将这张宣纸条与残片放在一起，以避免修复过程中发生文献编号错乱的情况。

除尘

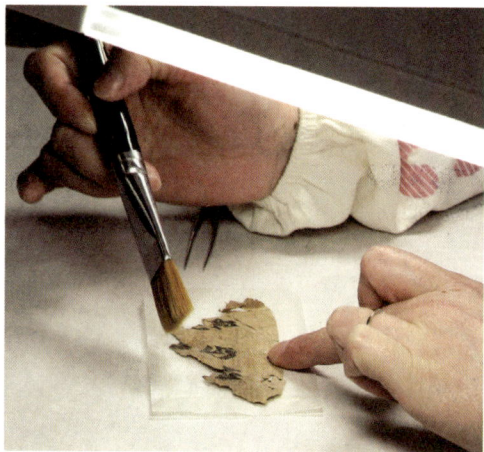

干法除尘

　　浮在残片表面的尘土和沙粒，会对文献的表面产生磨擦，损害文献，因此需要将这部分尘土和沙粒除去。首先应视残片的具体情况，决定选择干法除尘或湿法除尘。

　　干法除尘是用干毛笔或软毛刷轻轻去除文献表面的尘土、细沙。刷的过程中要尽量避免对文献的表面产生磨擦。但是，对于已嵌入文献纸张内部、与文献结为一体的沙粒，不再进行处理，因为剔除这种沙粒可能会伤及残片纸张，甚至损坏文献，容易造成二次伤害。

　　对于紧密附着于纸张表面但并没有完全嵌入残片纸张的颗粒状尘土，也会对残片表面产生磨擦，必须除去。这种类型的尘土或沙粒无法用干毛笔或软毛刷直接刷去，要采取湿法进行除尘。

　　湿法除尘的操作步骤是：先把毛笔或软毛刷子蘸

湿，要控制水量，不可过湿；然后用吸水纸吸去毛笔或软毛刷上的多余水分，只保留适当的水分即可；用处理过的毛笔或软毛刷粘去附着在纸张表面的尘土颗粒。湿法除尘要注意控制水的用量，避免因过于潮湿导致文献表面历史信息灭失。

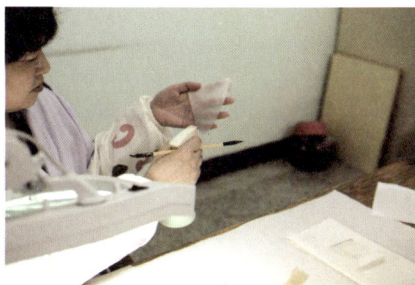

将吸水纸喷湿

用吸水纸将软毛笔润潮

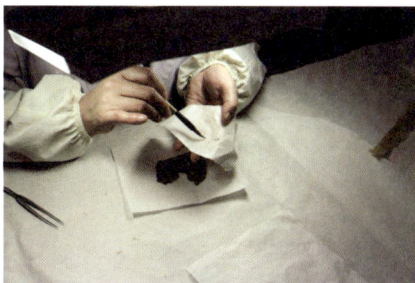

用润潮的软毛笔粘去表面浮土

除尘过程中，有时需要借助针锥或镊子拨动附着比较牢固的颗粒。处理的过程中，切记不能破坏文献的墨迹。

去污

很多残片表面带有污迹，应根据残片与污迹的具体情况，决定是否去污及去污方法。

如果残片表面的污迹不会对文献造成进一步的损害，且不会遮挡文字，则无需去除。例如 BH4-26 表面有鸟粪，BH4-161 纸张表面有轻微霉斑（图版见第二章），但是都没有遮挡文字。要想去除鸟粪和霉斑，必须用温水进行清洗。而使用温水势必会影响纸张表面的颜色，水量和水温掌握不好的话还有可能影响字迹，对文献的原貌就会造成很大的影响。因此，仅仅为了文献表面的整洁而用温水清洗，确实得不偿失。从另一个角度看，鸟粪与霉斑也是一种历史痕迹，对于探讨文献的保存历史不无参考价值。按照便利文献研究的同时尽可能保留文献原貌的原则，不对它进行清洗处理，是比较妥当的处理方法。

如果表面污迹有可能对纸张纤维造成进一步的损害，或遮挡字迹，对文献研究有不利影响，则需采用一定方法进行去污。去污的要点是：既要去除污物，同时又不能改变纸张原有颜色。去污一般使用湿法，操作过程中应严格控制用水量，避免用水过多，防止残片颜色改变。去污过程中不使用化学试剂，不求洁白干净，以免损坏文物。

对于需要清洗的、符合清洁条件的文献对象可以进行水清洁。

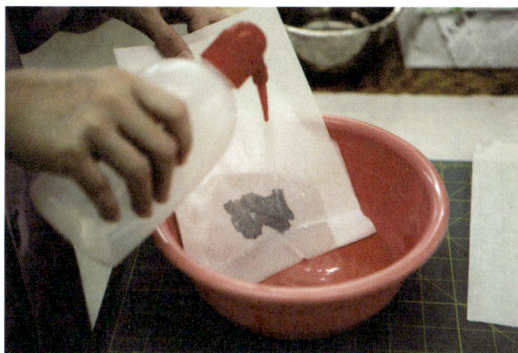

清洗

清洗

展平

　　褶皱的文献必须展平，才能展现文献的原貌和文献的内容；对于修复工作来说，也应先将残片展平，才能对老化霉变、机械外力等造成的撕裂、折裂、断裂、褶皱、卷曲、粘连、分层等普遍存在的残损进行处理。

　　对于纸张强度较好、破损较轻的残片，可直接展平，即将残片平放在一张白纸上，用针锥拨开褶皱及纸卷儿，用镊子展平，最后再用针锥将错位或断裂的部位调整到位即可。对于褶皱卷曲不易打开的残片，可将残片润潮，令其变软，再进行展平操作。

展平过程中应避免直接将水喷洒到文献表面，以免改变文献表面的历史信息。我们的做法是：先喷潮吸水纸，然后用吸水纸将文献润潮，再进行展平。在喷潮吸水纸的过程中，也要控制水量，不可过湿。

具体操作方法如下：

（1）将两张吸水纸用纯净水喷湿，把文献残片夹在它们中间，借吸水纸的湿气使残片润潮，令其舒展平整。

（2）在压书板上垫三张土黄色撤潮纸，将润潮的残片放置其上，然后再在上面盖三张同样的土黄色撤潮纸。

润潮展平

（3）用手抚平后，在其上覆盖压书板，压上铅陀。也可将几块夹有残片的压书板层叠在一起，再在其上压铅陀，以节省空间、提高效率。

（4）三十分钟后打开压书板，观察其是否平整。如不够平整，需重新润潮，更换撤潮纸，再次压平。平整度达到要求后，更换撤潮纸重新压平，待其自然干透即可。

整个展平、压平、晾干过程中，记录编号的纸条应与残片一同取放，以便查找。

修补

修补是修复工作的核心环节，主要工作是将裂口、残洞、边缘破损处粘牢、补全，以恢复较完整外观，增强残片强度，便于以后的保管、使用、研究。

应根据文献的材质与破损情况选择合适的修复用纸和修补方法。如果文献双面有字迹，应尽量避免遮挡文字；如实在无法避免，则要采用透明的纸张进行修补。修补过程中，一般应避免将浆糊直接涂抹在文献表面，因浆糊含水量较大，容易对文献表面造成不利影响。一般应将浆糊涂抹在修补纸上，然后粘补到文献上。

具体做法是：将展平后的残片平整地放在补书板上，对残片的开裂、残洞、边缘进行修补。顺序为先补中心，后补边缘。修补采用搭法或碰法，原则是在补牢的同时尽可能不遮盖字迹。

不同类型的破损采用不同的方法进行修补：

（1）补裂

对于可以重新完整拼合的折断或撕裂，直接用撕好的皮纸条（宽度约3毫米左右，长度根据裂口长度而定）溜口，将裂口粘接上即可。依边缘具体破损情况，这一方法又可分为在补纸上抹浆糊和在残片上抹浆糊两种方式。

（2）补洞

补洞可以采取两种方式：①先根据残洞形状撕好补纸，再粘补残洞；②先用整张补纸补好残洞，再把多余补纸撕下。修补时应根据需要选用适合的方法。

后者的操作方法是：先将残洞边缘展平，用笔在残洞边缘涂上浆糊，贴上补纸，再用手将多余补纸轻轻撕下。撕下补纸前，可用水笔在搭口周围划一下，将撕开部位润湿，再轻轻撕下；切忌大力撕扯，以免降低修补效果或损伤文献。

缀合

西域文献入藏时，很多残片的纸包里即有零碎的纸片，可确定为相应残片上脱落的碎片；有些碎片上面有文字痕迹，甚至有一两个笔划。我们将这些纸屑随原残片一同编号，请西域文献研究专家和少数民族语言文字专家进行辨识，将能够归回原位的进行缀合，修复时将它们与原残片缀接在一起。

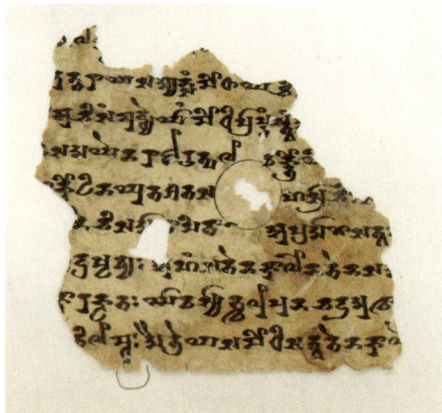

缀合的西域文书

根据文献研究专家的意见，对于能够缀合的不同编号的两件残片，即使其断裂面和文字笔划完全吻合，在修复时也不做缀接。这是因为这些残片入藏时便已分开，修复时不应改变其状态；另外，缀合的工作留待文献研究专家在研究中进行，能最大限度地防止缀合失误。对于这样的残片，虽然不做缀接，但可存放在同一个纸夹里，在保留文献入藏时原貌的同时，提示它们之间的关系，供后续研究参考。

镶接

镶接技术是修复人员在进行西域残片修复时首创的一种修补技术，主要运用于边缘有字迹的残片。这种技术的优点是：首先，将残片边缘有字的部分用补纸镶接出来，能保护残损边缘的字迹不再被磨损；其次，对于双面书写的文献残片，翻动时可以触摸镶接的补纸部分，无需直接触摸原件。这种方法的技术要领是，镶接时仅用纸张纤维搭接，补纸不能遮挡文字。

镶接技术有两种方法可供选择：（1）先依残片外缘轮廓撕出补纸，补纸的边缘需撕出毛茬，用补纸毛茬的纤维与残片连接。（2）把修复好的残片粘在软皮纸上，按照残片的形

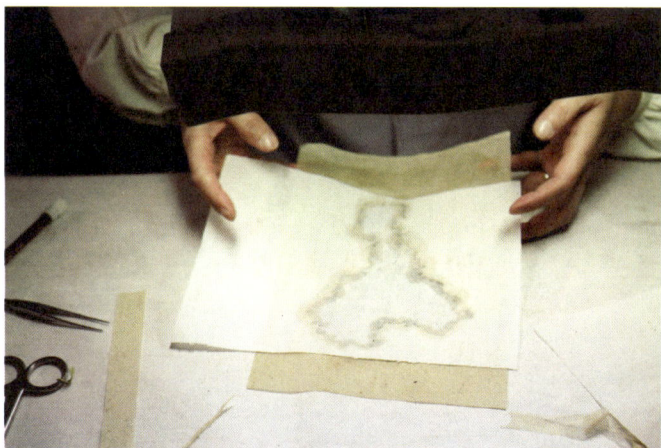

用水笔在补纸上划出残片轮廓

状，将皮纸的中间残片遮盖部分去除，然后将残片与软皮纸以纤维连接。修复时应根据需要选择二者中的一种。

镶接残片

镶接过程中，无需对所有的残片都进行四边镶接，应根据残片的不同情况采取不同的镶接方式：

（1）四周镶接：适用于四周均残损且有字迹、形状不规则的残片。这种残片须对四边都进行镶接。馆藏西域文献残片中，大多数均需四周镶接。

四周镶接（BH4-143）

（2）三边镶接：残片的一条边完整，另三条边破损，
且边缘部分有文字，可采用三边镶接的方式进行修复。

三边镶接（BH3-75）

（3）两边镶接：
残片的两条边完整，
另两条边破损，且边
缘部分有文字，可采
用两边镶接的方式进
行修复。

两边镶接（BH4-220）

单边镶接（BH4-33）

（4）单边镶接：
残片的三条边完整，
只有一条边破损，且
边缘部分有文字，可
采用单边镶接的方式
进行修复。

（5）重叠镶接：有的文献由两张残片粘在一起，目前的技术无法将它们完全揭开，强行揭开容易损坏文献。对这种残片，只将可揭开的部分进行分离，中间粘接牢固部分保留原状，不再揭开。将残片的两层分别镶接，形成了独特的重叠镶接状态。

重叠镶接（BH3-63）

（6）一号多片镶接：对于同一号文献包含多个残片的情况，将各残片分别镶接在同一张补纸上。这样既能达到保护的目的，又能起到提示残片之间关系的作用。

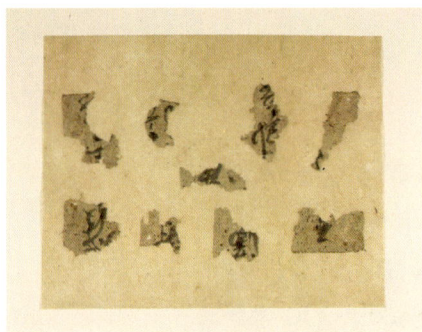

一号多片镶接（BH2-59）

压平

将粘接后的残片压平。可以单张单独压平，也可以多张层叠起来一起压平。

压平

裁边

将镶接的部分裁切成规整的形状。裁切的过程中切忌伤到文献本身。

存放

完成修复的残片，应采取既便于取放，又能起到文献保护作用、符合古籍修复保护原则的存放方式。我们借鉴国家图书馆保存敦煌遗书残片的方式，使用纸夹保存残片，但稍加改良，即在软皮纸内增加一张托纸板，使之更便于存取。

第六章　修复案例解析

　　每件西域文献残片的残损情况都各不相同，因此在基本遵循上述修复原则和技术路线的基础上，我们根据每件残片的不同情况，针对性地制定修复方案，展开修复作业。本章对一些有代表性的或情况比较特殊的案例进行解析。

BH4-269

1. 残损情况调查

（1）纸张类型：麻纸。

（2）尺寸：长约 28.5cm，宽约 18.5cm。

（3）文献纸张老化，颜色呈黯淡的米黄色。由于入馆之前长期处在恶劣环境中，文献残损较严重，整体出现不同程度的褶皱、破损、残缺。右边缘和下边缘比较完整，趋于直边，其余两边缺失。残缺较多，且边缘卷曲，磨损较严重，中部磨损边缘的纸张变薄、酥脆、糟朽。

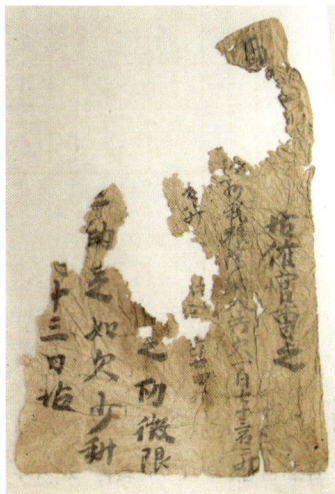

BH4-269 修复前（正面）

BH4-269 修复前（背面）　　　中部"凹"字型残缺

2. 修复方案

　　此残片残缺严重，形状不规则，需要在修复过程中进行局部挖镶或者补齐。残片仍存有右侧与下侧两个较完整的边缘，且边缘平直，可以推知文献原貌接近长方形。因此，我们排除了四周挖镶的方案，采用两边镶接的方案，选择与残片厚度相当、颜色相近的皮纸，补齐残损部分。

　　另外，残片中部呈"凹"字型的残损部分边缘磨损较严重，虽然没有大范围破损、断裂，但纸张机械强度极低。因此，我们选择轻薄的马尼拉麻纸，从背面进行搭接，搭口宽度比通常的修复边缘范围略宽（一般为1—2毫米，原则是尽量少，往往只利用毛边的纸张纤维进行搭接固定），即在边缘纸张脆弱的地方多粘贴一定的宽度，以便起到加固磨损边缘的作用。这种修复方法用于边缘酥脆的破损纸张，同样有着良好的加固效果。

3. 修复步骤

（1）表面清理（除尘）

进行表面清理时，应视残片具体情况选择干法或湿法除尘。干法除尘即使用软毛刷去除浮尘。湿法除尘即先喷潮吸水纸，蘸湿毛笔，再用湿毛笔粘去残片表面浮土（尽量减少用水）。在此选用干法除尘。

（2）润潮

将残片置于平整洁净的撤潮纸表面，背面向上。取另一张面积大于残片的宣纸，用喷壶均匀喷潮。湿度以手触碰纸张有潮润感觉，又不过湿粘手为度。将湿纸轻轻覆盖在残片上。保持纸张与残片间均匀接触，以免局部过湿吸附残片。让潮气慢慢与干燥的表面接触，使纸张纤维逐渐柔软舒展。等待文献润潮、展平，开始实施修复。

喷水

闷潮

观察藏品、展平

（3）展平

细心观察残片的整体情况，判断哪里的纸张纤维强
度最差，破损情况严重，酥脆易碎、易断裂，就从哪里
入手。

此残片最上部纸
张卷曲严重，相对于
下半部分结构来说过
于单薄，周围没有依
托，移动时容易受损，
所以宜从这里着手进
行修复。

轻展

①首先用镊子或者针锥在翻折卷曲的右上部找到打开的缝隙，选择纸张强度较好的部分，用针锥或镊子轻推。

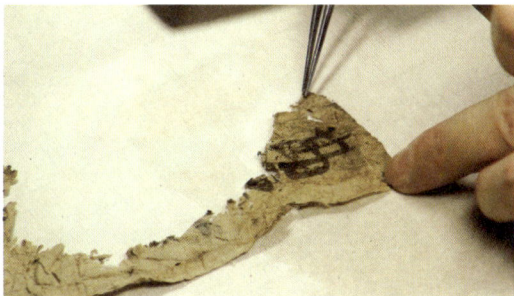

轻压、固定

②轻压卷曲部分，并向相反方向舒展。

③以尖头镊子或针锥辅助指尖，轻轻触压，平整固定。

左上残损小卷

由于长年保存在恶劣的环境中，纸张纤维扭曲变形，很难恢复。所以在展平过程中，某些地方需要略施水分，辅助纤维舒展，恢复平整。但由于残片纸张脆弱，不能大量接触水分，我们选择毛质柔软纤细的小毛笔，用喷壶喷潮笔尖，用于辅助展开、抚平残片。或者用毛笔蘸水，在宣纸上吸去多余水分，使其略带潮气，即可使用。

上半部分的左上角边缘，有因磨损、揉搓、挤压而卷曲变形的小卷状纸张残边，这种部位的展平工作需要更多的细心与耐心。

展开的左上残损小卷

① 用针锥或镊子小心地找到小卷的边缘缝隙，选择纸张纤维强度较好的地方，轻轻拨推。同时用带有潮气的小毛笔在展开的地方轻压，起到辅助固定作用。

修复残损边缘

② 残片右边趋于平直，所以在展平上半部分时要注意以右边下部未残损边缘为基准。可以用尺子平行放置在残片右边作为比对，根据尺子和竖行文字的排列状况，调整残片上部的展开方向。使其保持平直，不往里或者往外倾斜。

（4）镶接

残片卷曲边缘基本展平后，在背面用事先撕好的、四周带有纸纤维毛边的细皮纸条对裂口处进行粘贴加固。

① 撕皮纸条时，可以先用水笔划出需要的宽度。具体宽度视破损处而定。

② 水笔划过的地方可以很自然地撕出稀疏的纤维毛边，方便与破损处对接，这样就不会出现硬接口，损坏残片。

③ 如果残片纸张强度允许，可以轻轻涂以少量浆糊，进行粘贴。但最安全的办法是把皮纸条放在一张宣纸上，再涂以少量浆糊，宣纸的作用是吸收浆糊中多余的水分。将皮纸条用镊子固定在破裂处，轻轻按压待干。

（5）磨损边缘修补、加固

残片中部呈"凹"字型的残损部分，边缘磨损较严重，虽然没有大面积的破损、断裂，但纸张松软、机械强度极低，需要使用轻薄的马尼拉麻从背面进行宽范围的粘贴加固。马尼拉麻质地稀松轻薄，即使大面积使用也不会使残片出现托裱后的硬挺板结感。不过，使用时须注意浆糊的稀稠度，因马尼拉麻材质稀疏，相应地浆糊黏度应该有所降低。

修复"凹"字型残缺

在修复"凹"字型破损时，选用一张能覆盖住"凹"字型部分的马尼拉麻整纸，进行粘贴补齐。搭口宽度须超过通常的修复边缘范围（尽量少，往往只利用毛边的纸张纤维进行搭接固定），即视残片边缘纸张酥脆程度，多粘贴出一定的宽度，起到加固受磨损边缘的作用。

此外，在进行此类大范围修补时，一定要注意补纸与残片（需修复的范围）纸张潮湿度是否一致。只有潮湿度一致，才能保证干燥后补纸与原件平整衔接，不出现涨出或者缩紧的细微弯曲。

不同材质的纸张，干湿时的伸缩度变化也不同。皮纸类纸张纤维长、韧性强，受潮时伸缩度大，在补齐时就不能喷得过于湿潮，反而要略干于残片。如果是材质相近的补纸，可以先用宣纸与残片一起闷潮，再进行修补，保证二者潮湿度一致。这就需要在平时的修复实践中总结不同纸张特性的经验，再加以运用。这一原则我们可以简称为"潮湿度一致"原则。

（6）补缺

在修复完残片中部小面积的破损后，继续对左上部大面积的缺失进行补齐。我们选择已经染色、厚度与残片基本相同的皮纸作为补纸。

① 先将残片与补纸一起用喷潮的宣纸闷潮，残片舒展、手触碰纸张感觉有潮气即可。

② 在残片的缺失边缘用小毛笔轻轻涂上稀浆糊，再按之前比好的尺、寸位置，将补纸平放在上面，以软毛刷刷平。

③ 粘接处以手指轻压，用镊子沿浆糊的痕迹轻轻撕下多余的部分。一边撕一边按住补纸，控制好搭口的宽窄。大致撕好后，再进一步用镊子仔细夹走多余的纸张纤维。

④ 最后用宣纸铺在搭口处，轻轻按压，吸走多余的水分，压实搭口。

（7）压平

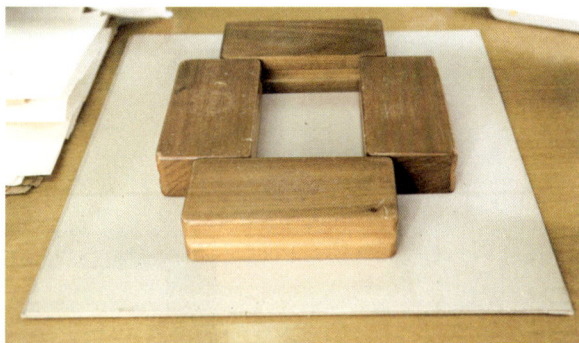

压平

①用喷壶在补纸背面给以少量水分，使纸张舒展。上下各铺一定厚度的撤潮纸，最上面敷盖一块平整的厚纸板，以达到较好的透气效果。

②最后压上几块并不太沉的铅砣。残片脆弱的纸张纤维无法承受过大的压力，所以千万注意不要使用更重的大理石块，或运用压力机等压书设备。

压平的时间越久越好，以便让纸张充分干透，在收藏保存过程中更加稳定。

（8）补纸裁齐、包裹残片

①经过一段时间的压平后，可以将修复好的残片取出。按照残片遗留的尺寸，裁出另外两条直边，形成一个矩形。

②为防止残片与装具纸夹间在移动、翻阅时会产生轻微摩擦，磨损残片，外层要包裹一层质地柔软的上海棉。"上海棉"是一种俗称，指的是一种呈半透明状的构皮纸。这种纸张表面柔软光滑，肉眼可见细束散落的纸张纤维，但绝无杂质，是较为理想的减少摩擦的包裹用纸。

③量好残片尺寸、确定好装具纸夹的大小，按照尺寸裁好上海棉，喷水压平待用。

④在残片外包裹一层准备好的上海棉，尺寸一般和装具等长（大于残片长度），宽度约为残片宽度的三倍，这样可以使残片不易移动，有利于残片保护。

（9）标注编号、装袋

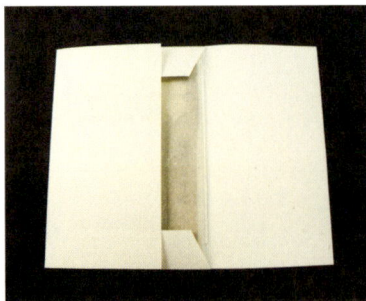

装入纸夹

最后一个步骤是将包好上海棉的残片放入纸夹装具中，核对后，在纸夹正面固定位置写上编号，以方便查找。

至此，这件残片的修复工作基本完成了。可以拍摄修复后的照片，记录入档案。如果有很多件残片需修复，可以在入库前使这些残片处于轻度压力（铅砣）之下，并妥善保管，确保安全。

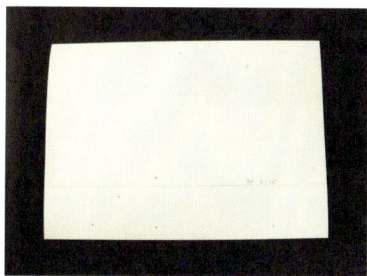

装好的纸夹

4. 总结

这件残片的修复，涉及较大面积的残损，选用了两种不同的纸张，即马尼拉麻和皮纸。虽然在修复外观上看起来并不一致，但从保护残片长期的安全性、稳定性的角度来看，这是一种实际可行的选择。

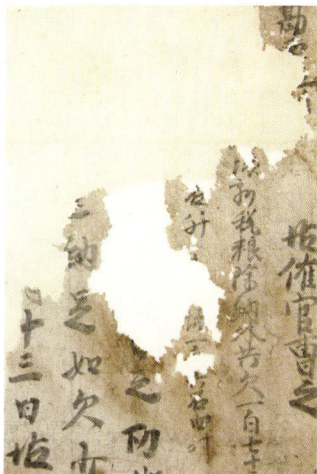

BH2-269 修复后（局部）

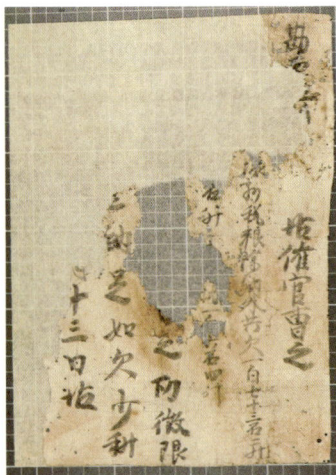

BH2-269 修复后（正面）

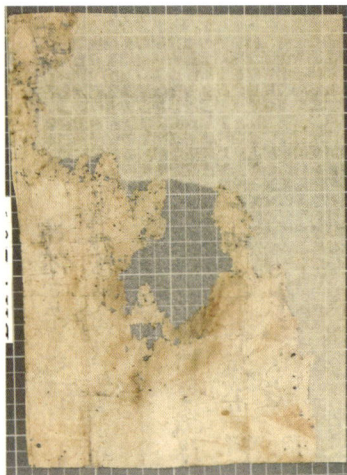

BH2-269 修复后（背面）

BH3-14

这件藏品残损严重，有四处很深的"凹"字型残缺；不同部位纸张强度不同，尤其是"凹"字型残缺的内侧，由于水浸霉变的原因，纸张强度很差，残缺边缘需要加固。残损部分纸张因强度太差，如果用皮纸直接镶补，皮纸所接触到的纸张很容易被粘下来，这样不但达不到保护的目的，还会损坏藏品的边缘。所以我们选用强度稍低马尼拉麻纸，先固定"凹"字型残缺的内侧边缘，再在外镶接皮纸。用马尼拉麻纸固定部分，皮纸与马尼拉麻纸镶接，不接触残片纸张；纸张的强度稍好的外侧边缘，则直接与皮纸镶接。这样的方式，能起到更好的保护作用。

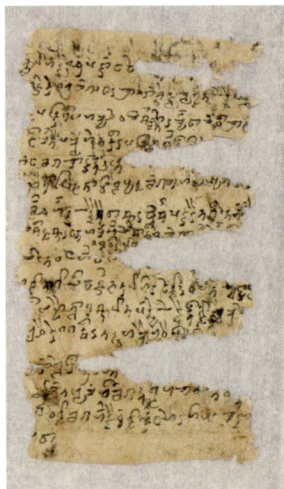

BH3-14 修复前

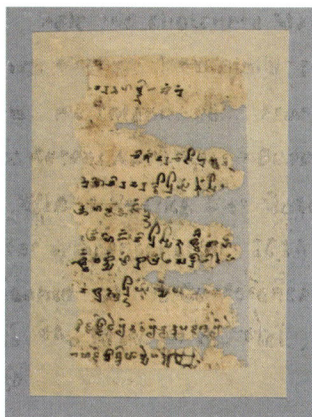

BH3-14 修复后

BH2-38

　　这件残片虫蛀严重，外观呈网状，不适用局部修补的方法。面对这种情况，通常都采用皮纸托裱的方法，以便于长期保存。不过，托裱必然导致残片背面信息被遮盖，给研究者造成不便；同时还会使纸张变硬。

　　经研究，我们选用透明度比较好的马尼拉麻纸从背面固定残片，在残片周边多留出 2 mm 马尼拉麻纸；再

BH2-38 修复前

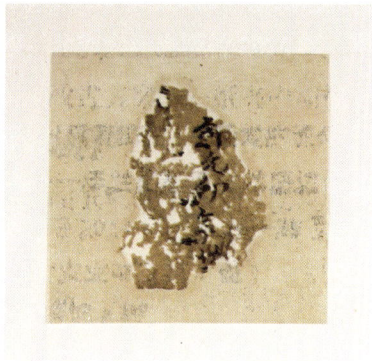

BH2-38 修复后

用皮纸镶接，皮纸搭接在马尼拉麻纸的边缘。这样残片的边缘不会被遮盖，同时也便于保存和阅览、使用。

BH3-59

1. 残损情况调查

残片表面有尘土；纸张较脆，有小裂口；双面书写；残片边缘有字，有磨损。

BH3-59 修复前

2. 修复方案

采用局部修补法，分除尘、展平、修补、镶接和压平五个步骤进行。

3. 修复步骤

（1）除尘

根据 BH3-59 的情况，决定采用湿法除尘。将吸水纸喷湿，用喷湿的吸水纸将软毛笔润潮，用软毛笔粘去残片表面的浮土。软毛笔上粘下的浮土，也用吸水纸蘸除。

（2）展平

首先用镊子打开折叠褶皱部分。然后将两张化纤纸用纯净水喷湿，把残片夹在中间，借助其湿气润潮残片，令其舒展平整。

用镊子打开折叠部分

润潮展品

（3）修补

用大小合适的皮纸条修补残片的裂口。

修补

（4）镶接

采用四周镶接的方法。先用水笔在补纸上描出残片的形状，用手撕出中空。中空的边缘为毛茬，将残片置于中空部位，用毛茬纤维搭接，将补纸与残片镶接在一起。

（5）压平

用吸水纸将补好的残片润潮，在压书板上垫三张土黄色撒潮纸，将润潮的残片放置其上，之后再盖上三张同样的土黄色撒潮纸，用手抚平。将记录编号的纸条放

在撤潮纸上，纸条有编号的一端露在压书板外侧，以便
查找、核对。在撤潮纸上覆盖压书板后，压上铅陀。
三十分钟后，打开观察平整情况，更换撤潮纸重新压平。
待其自然干透后，装入制好的纸夹，妥善存放。

盖上撤潮纸准备压平

BH3-59 修复后

BH3-75

1. 残损情况调查

残片中间有多处破损，且已伤及字迹；边缘很脆，
有墨迹处尤为严重，稍加触碰，便会断裂掉渣；残片四
周有字迹。

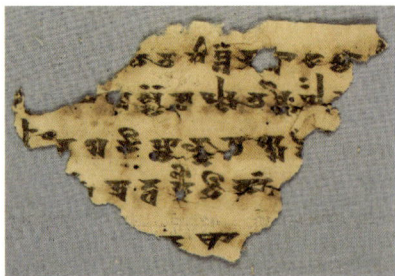

BH3-75 修复前

2. 修复方案

采用局部修补方法。分为除尘、展平、修补、镶接

和压平五个步骤进行修复。

3. 修复步骤

除尘、展平、压平三个步骤与其他残片大同小异，在此不再重复阐述，这里主要谈谈修补、镶接两个步骤：

（1）修补

残片中间存在破洞，需要进行修补，防止进一步破损。由于墨的影响，破洞边缘有字迹处的强度极差，如不加固，字迹极有可能进一步损毁。修补此类边缘有字迹的破洞，要尽量减少补纸对字迹的遮挡，故选用透明的马尼拉麻纸进行修补。

先将残洞边缘展平，用笔在破洞边缘涂上浆糊，贴上补纸；用水笔在搭口周围划出轮廓，润湿后轻轻撕下，切不可用力撕扯。

撕出补纸

修补破洞

（2）镶接

对于残片破损的边缘，则需用镶接的方法，用补纸补出余量，再裁切整齐。具体方法是：依残片外缘的轮廓撕出补纸，再与残片粘接。粘接时用细狼毫笔将稀浆糊仔细地涂在展开的残片边缘，而不是抹在补纸上。残片与软皮纸仅以纤维连接，不遮挡文字。如果出现遮挡字迹的情况，用镊子去除遮挡字迹的补纸，变搭接为碰接。

最后，将修补、镶接后的残片进行压平、将补出的余边裁切整齐，放入制好的纸夹中存放。

BH3-75 修复后

BH3-67

1. 残损调查与修复方案

BH3-67 修复前

此残片边缘脆裂，强度非常低，稍施外力，便有可能碎损。因此采取先补破、再除尘的修复方案。

2. 修复步骤

（1）展平

将残片夹于两张喷湿的吸水纸之间润潮，然后用镊子轻轻展平。

将残片夹于两张喷湿的
吸水纸之间润潮

展平

（2）粘接

此件裂口的修补方法与前述 BH3-59 相同，即按照破口的形状撕出皮纸条，在皮纸条上涂浆糊，粘于破口处，再压实。

此件残片的边缘有字迹，且已非常脆弱，需接出补纸以保护带字迹的边缘部分。修补时，在残片上抹浆糊，而不把浆糊抹在补纸上，这样便于控制浆糊的用量与部位。补齐时，补纸与残片边缘进行搭接；在边缘有字迹、补纸会遮挡字迹时，用镊子去除挡字补纸，变搭为碰。

用细狼毫笔将稀浆糊
小心涂抹于展开的残片边缘

粘上补纸

用水笔将残片接口润湿

用镊子撕去多余补纸
并拉出毛茬

用镊子撕去挡字的
补纸，变搭口为碰缝

补好一边的残片

（3）除尘

采用干法除尘。完成修补之后再进行除尘，主要目的是避免除尘过程中对文献造成损伤。这种先修补、再除尘的步骤安排，适用于纸张强度特别低的残片。除尘具体操作与其他残片接近，在此不再赘述。

（4）压平

将吸水纸喷湿

将残片夹在喷湿的
吸水纸之间润潮

残片上下覆撤潮纸

用压书板和铅垂压实

（5）裁齐

将补纸边缘裁切整齐

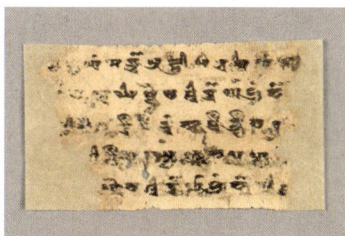

BH3-67 修复后

BH4-220

　　此残片边缘有残损，且有破洞。我们采用以皮纸镶接边缘、以马尼拉麻纸补洞的方案进行修复。

以皮纸镶接

以马尼拉麻纸补洞

裁齐

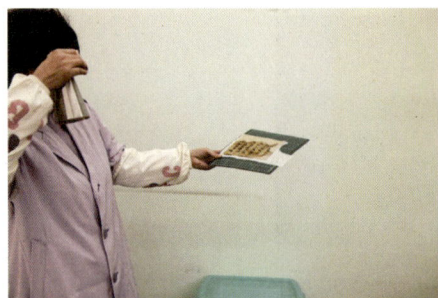

润潮

压平

BH4-9

　　此件残片严重粘连卷曲，因此展平过程为修复过程
的重点与难点。

修复前外观

用针锥小心展开残片边缘
褶皱粘连部位

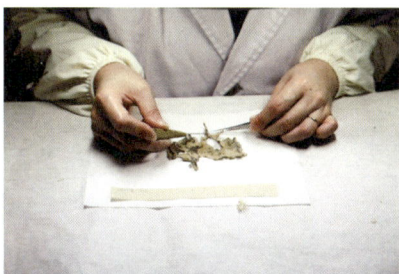

用针锥与镊子相互配合
展开卷曲部位

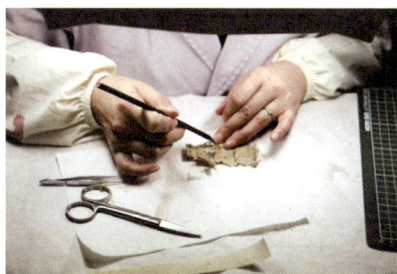

以皮纸条修补裂口及破洞

用挖镶法修补边缘

压平

BH3-60

　　此件文献为因潮湿等缘故完全粘合在一起的两个残
片，粘连面写有文字，有墨迹的地方粘得更加牢固。经研究，我们采用下列方法进行修复：

（1）揭。首先需将两张粘连的残片揭开。揭的过程中要特别小心，从多个角度进行尝试。可以局部小范围润潮后，用镊子、针锥辅助慢慢揭开。试用多种办法后，我们最终把两件藏品完整地分开。

用针锥辅助揭开   用镊子辅助揭开

（2）选择镶的方法。揭开的两件残片关系紧密，且入藏时编作一个号，因此将它们镶接在同一张纸上比较合适，能为后续的文献研究提示二者的关系。不过，在同一张纸上镶接两件残片，我们面临很多问题。首先是平整度的问题。由于这两件残片的纸张比较厚，加之年代久远，已基本没有收缩性。为了长久保存的需要，我们选用了强度比较高的构皮纸作为补纸。不过，选用的构皮纸是新纸，收缩性相对较大。因此，在镶接材料的选择与制备，以及镶接方法的选择上，就要有所考虑。

（3）准备镶料。首先选两张皮纸，用茶叶煮水浸染，使其颜色接近残片；再把两张皮纸托裱在一起，这样既可以增加纸的厚度，又能让皮纸挺实，质地更接近残片纸张。

（4）镶接。将两件残片依适当距离放在吸水纸上，再把选好的皮纸覆在残片上；用水笔沿着残片的边缘划线，润湿皮纸，将水笔所划残片轮廓线内部分撕下；沿着残片边缘用小毛笔轻刷一点稀浆糊，将之与皮纸挖好的轮廓边缘粘接；最后再用镊子修整皮纸边缘的毛边，使皮纸只是与残片相接，而并不搭盖。

修复前外观　　　　　　　　修复后外观

BH4-10

此件残片保存有一条比较完整的纸边。一般而言，如果边缘比较完整且纸张强度稍好，尽量不添加补纸。此件较为完整的纸边强度比较好，所以采用了展平后三边镶接的修复方案。

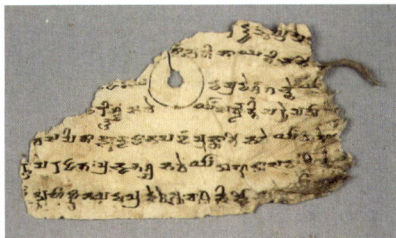

修复前外观　　　　　　　　修复后外观

BH2-51

这个编号包括多件素纸，尺寸都很小。素纸在文献研究方面并没有特别的价值，但它们是古纸的标本，应妥善保存。因此，我们决定不再逐一镶补，而采用这样的方式：首先进行展平，然后将它们全部固定在同一张麻纸上，再在麻纸外加一个双层皮纸制成的边框。这样处理非常简便，同时也达到了保护残片的目的。

修复前外观

修复后外观

BH2-59

这个编号包括多个残片。为了方便研究和保存，同时显示它们原本脱落自同一件文献的关系，我们将多件残片全部镶在同一张皮纸上。

修复前外观

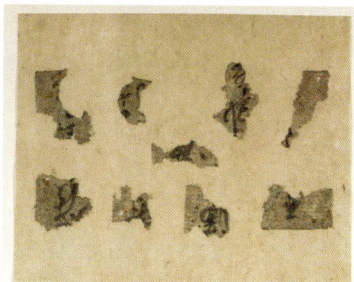

修复后外观

BH4-287

这件残片留存的部分，恰好是两张纸粘连的纸缝处，接缝处已部分裂开。修复前观察发现，裂开的接缝处写有汉字。这种情况，如果采用整体镶补的办法，就会把接缝处已经露出的汉字封住，研究者无法阅读使用。

因此我们决定采用两张纸独立镶补的方法，用两张补纸，分别镶补原残片的两张纸；原已裂开的接缝处，补纸也不再粘合，可以很方便地打开接缝处，看到所写的汉字；原仍粘合的接缝另一端，补纸也同样粘合。修复完成之后，它们既是完整的，也有一定的独立性，最关键的是接缝开裂处的汉字仍能清晰看到。

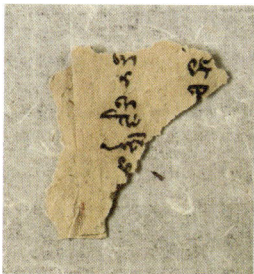

修复前外观（正面）

修复前外观（背面）

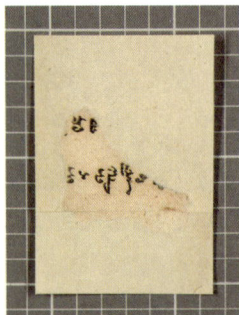

修复后外观（正面）　　　修复后外观（背面）

BH3-63

　　这件文献是粘连在一起的两张残片。在揭的过程中，发现纸张强度极低，稍有不慎便会断裂，并不能完全分揭开。为了最大限度地保证藏品的完整，仅将上层黏连纸张揭开一半，便不得不停止。镶接时，我们采取了两个残片上下层分别镶接的办法。

修复前外观　　　　　　　修复前外观

BH2-1

1. 残损情况调查

　　该文献非常残破，表面磨损严重，整体薄厚不均。外观接近长方形，长 24cm，宽 9cm；厚度约 0.35—

0.63mm。纸张为瓷青纸，呈深蓝色，偏厚，但很柔软。由边缘磨损、破裂处可见纸张明显分层，可能为单张纸经抄制后合制而成。表面进行过轧光加工处理，纸张表层肉眼可见反光。原文献由于长期保存不当、磨损严重，纤维强度下降，导致纸张虽厚却柔软，不挺括。表面磨损、折痕明显，边缘缺失严重，边角磨损。

修复前外观（正面）

修复前外观（背面）

2. 修复方案

此文献纸张厚度与普通文献不同，补纸如选用厚度近似的用纸，如西藏、新疆等地造纸，纸张过于硬挺，纤维相对粗大（就常见的几种而言）；而普通皮纸虽然柔软，但单张无法达到相似的厚度，需要两层或几层补纸结合才能达到与此文献接近的厚度。经比较研究，我们认为，柔软的补纸对文献本身及未来长期保存更有益处，故决定选用粘合多层皮纸的方法制作修复用的补纸。补纸的粘合方法则有三种选择。

边缘磨损

边缘分层

　　方案一：边缘分层破损处的每一层，分别用相应厚度的薄皮纸进行修补。但这样产生的问题是，修补接口处会相应变厚、浆口处硬度增加，易造成纸张薄厚不均、局部纸张过硬等现象。

　　方案二：用两层或多层皮纸进行托裱，达到与残片相近的厚度，作为补纸使用。这种做法的缺点是，如果采用传统糨糊托裱，仍会造成纸张的板结感，与残片纸张虽厚却柔软不挺括的情况不符。

　　方案三：对破口分层处采取填充法进行修补。即选取三层薄皮纸作为补纸，处于外侧的上下两层皮纸用稀浆糊与残片边缘进行粘接；中间填充一层补纸，与原件破损边缘碰缝（使整体填平，厚度与原件一致）；外侧上下两层边缘处用浆糊粘合封口。这样，既可在厚度上与残片保持一致，也能保持纸张的柔软度。最终我们选择了此方案。

除去边角的修复外，残片四周一圈可以选择接出新的小边，保持残片长方形的整齐完整。但基于基本完整保存残片边缘原貌的考虑，最终选择了局部磨损处修补、不整体镶边的方案。

这件藏品的纸张虽然很厚，但比较柔软。在选补纸的时候，我们找不到和藏品一样厚的纸张，需要把多层纸先粘合在一起制作补纸。经过试验，可以用浆糊把几层纸托裱起来，达到和藏品纸张同样的厚度，但结果不理想，因为粘合在一起的补纸已经没有了柔软性，完全像硬板，与藏品纸张差异过大。经过不断调试，我们发现粘合的纸张变硬，完全是浆糊的原因。于是把浆糊换成水，进行试验，效果非常好，补纸既达到了和藏品纸张同样的厚度，又比较柔软，适合用作这件藏品的补纸。

3. 修复步骤

（1）表面清理

经过实验测试，纸张颜色和笔迹遇水并不产生掉色现象。文献表面左部边缘及左上部可见暗灰白色附着物，遮挡字迹，不利于阅读研究，应当予以清理。

①用小毛笔蘸取清水，在宣纸上略吸去多余水分。

用宣纸控制毛笔的水分

去污

②再用笔尖轻轻触碰浮灰，使浮灰松动。同时水分会吸附脏污。

③另取一张干净的宣纸，将笔尖在宣纸上擦拭，使浮土等附着物吸附到纸面上。再次清洗干净毛笔，蘸取清水，重复上一步骤。

宣纸上明显可见清理下来的污迹。由于附着物面积比较大，按照修复原则，只清理妨碍文字阅读的局部地方，其余地方仍然保留不动，更多地保留文献的原始信息。

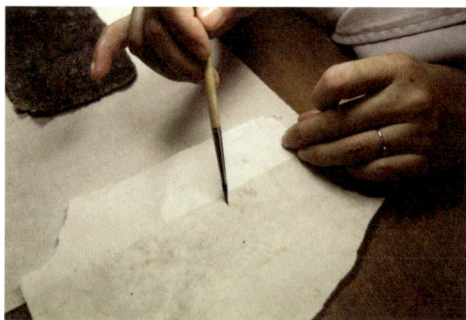

用宣纸吸附浮土

清洁后的表面字迹已经比较清晰，基本可以供人阅读研究。

（2）染纸

这道工序的目的，是将已选好的补纸（皮纸）染成与残片较为接近的颜色。根据残片的颜色，我们选择墨汁、靛蓝、湖蓝为基本染色颜料。反复试验，调整不同颜料的比例，尽量调配出合适的颜色。染色时，先用小纸条试色，颜色调配到最佳效果后，再大面积染纸。纸张染好后，晾干待用。

染纸原料

染纸

（3）润潮

将残片置于平整洁净的撤潮纸表面。取另一张宣纸用喷壶均匀喷潮，以手触碰纸张有潮润感又不过湿粘手为准。将湿纸轻轻覆盖于残片上。保持纸张与残片间均匀接触，以免局部过湿。让潮气慢慢与干燥的表面接触，等待一段时间，纸张纤维逐渐柔软舒展。

（4）补全文献边缘

由于原件边缘纸张分层严重，采用多层填充法的操作过程中，最外层边缘有两种修复方案供选择：其一是把补纸粘贴在原件外，搭口覆盖残片边缘；其二是利用已经分层的边缘把补纸搭口压入原件边缘内，使原件边缘覆盖其上。经过操作试验和效果对比，最终选定将补纸纤维略搭在原件残边外的修复方案。

①补纸撕边

由于补纸层数较多，每层补纸均需先用尺子比出原件边缘，撕出大概形状，再进一步细修。细修时需用镊子一点点撕去多余纸边。此时撕纸边与一般情况不同，要注意一定不能把纤维拉长，尽量保持与原边缘相近的磨损光秃的感觉。更不能采用通常情况下的常用办法，用水笔划纸张边缘辅助撕边，因为这样纤维就会被拉得更长，边缘不美观，保留补纸的薄厚也不易掌握。

补边

②填充法修补

确定好外层补纸的位置，用稀浆糊将撕好的补纸粘贴在残片边缘。粘贴后，用重物压实待干。

撕出形状合适的补纸

固定最上层补纸后，在反面用同样的方法粘贴最下层补纸。此时，两层补纸形成中空。

固定最外层补纸

根据实际情况需要，把撕好形状的补纸填充在两层固定好的补纸间，与残破边缘形成碰缝的效果。每完成一层要注意压住补纸，固定位置。

根据纸张厚度的不同，选择不同层数的填充补纸，直到与残片厚度相当为止。最后用浆糊粘连几层补纸的开口边缘。

填充补纸

在修补的过程中，只需在藏品第一层纸破损的边缘处稍用一点稀浆糊即可，其余多层纸只需用水粘合，逐层垫好，达到跟藏品一样厚度为止，在最后一层将补纸跟藏品用稀浆糊连接。待稍干后把多余补纸裁去，用稀浆糊封边，再将补纸的边缘用镊子修成毛边，以达到接近藏品原貌的良好效果。

（5）压平

可用喷壶在补纸背面施加少量水分，使纸张舒展。上下各铺一定厚度的撤潮纸，压上木板待干。压平的时间越久越好，以便纸张充分干透，确保其在收藏保存过程中更加稳定，不易变形。

（6）补纸裁齐、包裹残片、标注编号

经过一段时间的压平后，将修复好的残片取出并对多余的补纸进行修剪。

根据原件尺寸，确定装具纸夹的大小，按照尺寸裁好包裹文献用的软纸，喷水压平待用。之后，外用软纸包裹残片，软纸尺寸一般和装具等长（大于残片长度），

宽度约为残片宽度的三倍。再放入制作好的纸夹内，用
铅笔写好编号。整个修复工作至此完成。

修复后外观（正面）

修复后外观（背面）

4. 总结

此件文献修复完成后，呈现出良好的状态：文字基
本无遮挡、可辨认；边缘磨损处得到保护，避免了进一
步破损的可能。整体上看，既保证了文献的完整性，又
庄重美观，且不失历史感。填充法在此文献修复中取得
了较好的效果，这一案例也为其他类似纸质文物的修复
提供了参考和借鉴。

BH2-36

本件材质为丝织品。丝织品与纸张的性状有很大不

同，相对而言质地很软。这件丝织品年代久远，经纬丝都已变形，要想将它固定，传统的做法是整体托裱。不过，托裱必然会破坏它的原本状态，违反了"整旧如旧"的原则。

经反复考量，我们采用的方法是：将丝织品轻轻展平，参照文字字形调整好经纬丝；待整理好后，在周边镶一窄条马尼拉麻纸，加以固定；再用质地更为挺实的皮纸，镶在马尼拉麻纸之外。这样既能固定藏品，有利于藏品的保存，也避免了在藏品上搭接过多的补纸，最大限度保存了文献的原貌。

修复前外观

修复后外观

BH4-171

这件残片已经严重絮化，几乎看不到纸张的形态，类似一团棉絮。书写的文字也非常模糊，只能依稀看到一些笔画。这样的状况，完全不适合采用镶补法，甚至连修补残破处都无法操作。如果用托裱法，刷上浆糊后只会使这些纤维变成硬板，达不到修复保护的目的。

修复前外观

经反复权衡，我们采取了这样的做法：小心展平后，采用透明性比较好的麻纸将其两面夹住，因为絮化的纸张并不光滑，所以即使不用浆糊固定，残片也不会滑动；然后用皮纸挖出一个方框，将麻纸四边夹住。这样做，一则可以阻止絮化的纸张继续损坏，且便于研究利用，二则不对其进行过多处理，为以后有新的修复手段时做进一步工作留下余地。

修复步骤如下：

（1）将两张马尼拉麻纸压平，裁成相同的合适尺寸。

（2）一张放在吸水纸上，四边压住固定。

（3）小心翼翼展平残片。

（4）把整理好的残片轻放在麻纸中部，再将另一张麻纸覆盖在上面。

（5）将两张麻纸的四边用稀浆糊粘住。

（6）用皮纸挖两张镶框，镶框宽4cm，内边框比麻纸外边框小2mm。

（7）用挖好的边框将麻纸四边夹住。

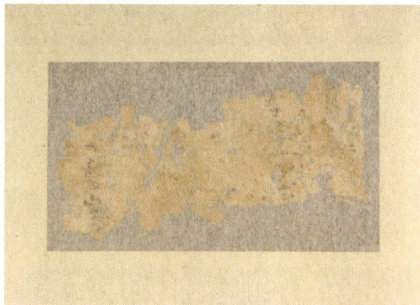

修复后外观

BH4-333

这个编号包括多件残片，数量多达118件，书写的文字种类也不同（包括汉文）。经过初步整理发现：同种文字残片间，有的存在拼接的可能性。但具体的拼对、衔接还需要由专家经过研究作出判断。此次修复时并不能完成文献缀合，只能进行基本的展平整理、保护工作。

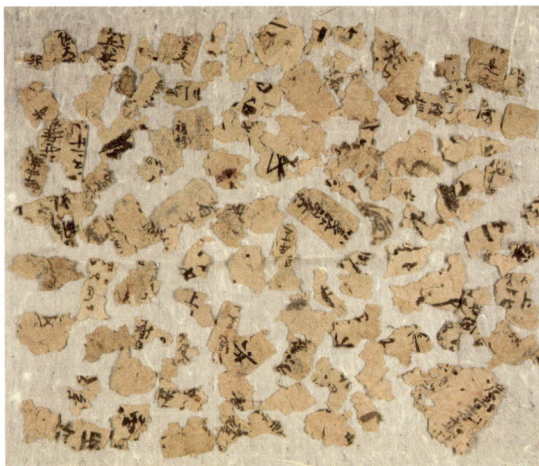

修复前外观

经过观察、思考，对这批残片的保存有三种可能的方案：

（1）保存原状，只对残片进行初步的整体装袋保护，待后期请专家拼接后再进行修复。这种方法虽然简便，且能保存原貌，但残片间仍存在相互磨损、挤压的状况。缺点是：已经破损的残片无法得到保护，且有进一步破损的可能；杂乱无序的存放，也不利于研究人员观察、翻阅。

（2）每一个残片分装在无酸纸的小袋子中，依次排列粘贴在纸板上，多个纸板合装为书本状，便于翻开阅读。不过，由于残片数量庞大，每一小件单独装袋必然会造成装具体积庞大；装在无酸纸保护袋中的残片，不能直接看清字迹，对于日后学者研究时的存取、阅读都会造成一定不便。

（3）采用类似于集邮相册的保存形式。用厚纸板作为装具底板。选用马尼拉麻纸或者三桠皮纸作为罩在残片表面的纸张。先用一整张薄皮纸上下包裹纸板，并从背面点浆糊粘贴，将其固定。然后依照按残片大小计算好的高度尺寸，将另一张薄皮纸平均分成几份，裁成长条状。每隔一段固定的距离，将长条皮纸的底边和中间贴在包裹纸板的皮纸上，形成接近方格、类似于集邮册夹子的形状，每一个单元上部敞口，下部和左右两边均固定贴实。之后将残片依次放入小格子内。采用这种保存方式，残片上下两面都由透明的薄皮纸包裹；每一件残片都独立存放，互相不会产生摩擦；使用的纸透明度极好，研究人员在观察时可以较容易地看到残片上的字迹，而不用总是把残片取出，减少了对残片的磨损和近一步破坏的可能。

经研究，这三种方法中，第三种能达到对残片的最佳保护效果，因此采取这一方法进行修复整理。

装具制作过程：

（1）按照计算好的残片数量及尺寸，用三层宣纸托裱成长40cm、宽30cm的硬纸板，用做托板。

（2）在托板的正面包裹皮纸，绷平。选用的皮纸比较柔软，接触残片时不会造成损伤。

（3）将薄软透明的马尼拉麻纸裁成 5 个长约
35cm、宽 4cm 的长方形纸条。

（4）将 5 个长方形纸条按相等的距离粘贴在托板上。
抹浆糊的面要窄，只在纸条的底边和两端各粘 2mm 宽
即可。

（5）用细毛笔在纸条上点几点浆糊，隔出数个小格，
两点之间间隔为 3cm。

（6）将残片依次小心装进小格子里。

修复后外观

BH4-16

本件残片的特点是附着有一枚虫茧，虫茧的丝毛将
残片边缘卷曲，且形成粘连。为了展开残片，方便研究
人员获取文字信息，我们决定取下虫茧。为保留残片修
复前的信息，取虫茧前我们对残片进行拍照并存档；取
下的虫茧放入样品袋内保存，同时详细记录相关信息。

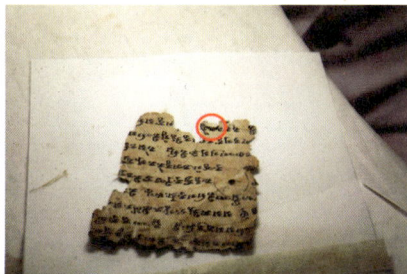

红圈所示为虫茧

展开粘连的残片取下虫茧

取下的虫茧

展开的残片

　　本件残片的修复，在展平、粘接、压平等步骤方面，与前述多数修复案例基本相同，在此不再重复记述。

BH4-33

　　此件残片的特别之处在于，前人已用某种粘合剂对残片进行过简单的粘接，但手法不够精细，接口处存在明显错位，造成部分字迹被遮盖。因此，必须先将原修补的接口打开，重新拼合，再进行修补、镶接。

　　经试验，使用冷水、热水均无法将先前修补所用粘合剂化开，可知其为非水溶性胶。因此我们选用无水乙醇作为溶剂，溶解这种粘合剂。修复时，用小狼毫笔蘸无水乙醇，涂抹在接口处，待乙醇将接口润透，便可顺利将原接口处打开。

红色区域内为先前修复
搭接部位

以无水乙醇溶解原有粘合剂

揭开的残片

此件残片修复过程中的修补、镶接等环节，与其他残片基本一致，在此不再赘述。

修复后外观

第七章 装具制作与保存环境

完成修复的纸质西域文献残片，需要保存在设计科学的装具中。装具要求既能对残片起到保护作用，又便于使用，能让库房管理人员、研究人员方便地取阅，提取残片所承载的各种信息。

纸质残片存放方式选择

在设计西域文献残片存放方式时，修复人员广泛查阅相关资料，对世界各大图书馆、博物馆保存类似纸质文献残片的方法进行调研，获悉目前常用的保存方式主要有四种，即第二章所述纸夹、挖补装册（或单张存放）、塑封、玻璃片固定。我们分析了这四种方式的优劣，根据西域文献的残损情况和修复原则，决定参考国家图书馆敦煌遗书残片的保存保护经验，采取纸夹保存的方式，并在此基础上加以改进，以满足西域文献残片保护的需要。

硬纸板

改进方案一：纸夹中加垫一张硬纸板

硬纸板的作用，首先在于保证纸夹整体上有一定强度，不致于弯折，保护文献残片不受外力；其次，取放文献时，硬纸板能起到托板的作用，方便存取。

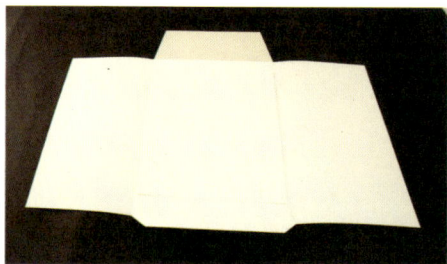

垫有硬纸板的纸夹

改进方案二：纸夹加马尼拉麻纸固定

具体做法是：选一大张厚纸，对折，两个半叶分别用作上下层夹板；依残片轮廓挖去上下层两块夹板的中间区域（挖去区域要比残片略大）；用透明的马尼拉麻纸覆于缺口区域，并在边缘连接处点浆糊粘牢；将修复好的残片放在纸夹中，可以透过马尼拉麻纸"窗口"看到文献。

带有马尼拉麻纸"窗口"的纸夹

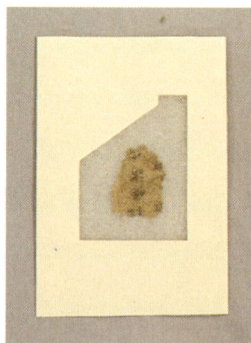

透过马尼拉麻纸"窗口"察看文书残片

优点：马尼拉麻纸对残片，尤其是残片边缘，可以起到保护作用。硬纸托中间挖成中空，形状比残片略大，合上之后可以起到固定作用。两面的马尼拉麻纸是透明的，翻动、阅读都比较方便。

缺点：马尼拉麻纸覆盖残片，虽然透明，但仍有一定的遮挡效果。残片与硬纸板之间虽有空隙，但仍会造成磨损。

改进方案三：纸线固定

此方案与方案二相似，区分在于以棉线或纸线代替马尼拉麻纸，将残片夹嵌于纸片中。

优点：使用线绳固定，减少对残片的遮挡，双面有字的残片翻动时可直接接触硬纸托，不必接触原件。

缺点：残片镶在硬纸托中间，残片边缘与硬纸片可能会产生磨损。

经反复权衡，我们最后决定采用改进方案一存放西域文献残片。

纸夹的制作方法

保存西域文献残片的纸夹，根据需要的尺寸自制。根据残片尺寸的不同，我们制作了一大一小两种不同尺寸的纸夹，以方便收藏、管理；此外还为超长的几件残片制作了特殊尺寸的纸夹。

纸夹制作方法如下：

1.托宣纸

将两张四尺单宣裱合在一起。具体方法为：

（1）调制浆糊。控制浓度的方法，是用排笔来试验。用排笔蘸满浆糊，从浆糊盆里提出，如浆糊一滴一滴地往下淌，说明浆糊太稠，需加水稀释；如从排笔上淌下的浆糊自然形成一个平面，浓度即适合用于托纸。

调好的浆糊

（2）将一张四尺单宣平铺在案子上，用喷壶往上面喷雾水，用板刷刷平，使整张纸均匀受潮。然后用排笔往上刷浆糊。纸张小的则先从中间开始，刷"米"字型，慢慢向四周刷，把浆糊刷匀。注意浆糊不可刷得过多。

刷浆糊

（3）将另一张同样的宣纸卷成纸卷。手持纸卷，从已刷好浆糊的宣纸的一边开始托。一手展开纸卷，另一手用棕刷排刷，使两张纸完全粘合在一起。然后在上面垫一张稍厚一点的手工纸，用棕刷用力排刷。这时用力要均匀，整张纸均需排刷周遍，以免以后出现起壳现象。

托纸

2. 晾干

将排刷之后已经完全粘合在一起的纸，从案子上拿起。具体做法是：先在上面垫一张同样的单宣，从一边起案，慢慢卷起，单宣卷在中间，起到隔离的作用；然后翻过来铺在案子上，卷在中间的单宣正好垫在下面。这样托好的纸就可以从案子上拿起，搭在一根竹竿上，放在晾纸架上晾干。

3. 绷平

将晾干之后的托纸平放在案子上，在四周涂抹 2 厘米宽的浆糊，粘在大墙上，同时留出起口；再在上面喷少量雾水，使其均匀受潮，待托纸完全干透后即可绷平；用竹起子从大墙上把它起下。

上墙绷平

4. 裁切

用绷平后的托纸制作纸夹之前，要先进行裁切。首先裁去上墙绷平时涂抹浆糊的边缘。

裁切的纸板有两种规格：一张是尺寸较大的纸板，用于折叠加工，制作成纸夹；另一张的尺寸与纸夹折叠后规格相同，用做托板，垫铺在纸夹里面，用于取放残片时托起残片。

裁切方法如下：

（1）根据西域文献修复后的尺寸，计算出所需纸夹的大小，在事先托好的纸板上用尺子测量出纸夹边缘的长度、位置。

测量

（2）用针锥在相应的位置扎眼，标记出整个纸夹
的外轮廓。

扎眼

（3）按针眼标记的位置垫好裁板，准备裁切。

垫裁板

（4）用壁纸刀进行裁切。裁切时注意不要超越针
眼，否则回折时易开裂。

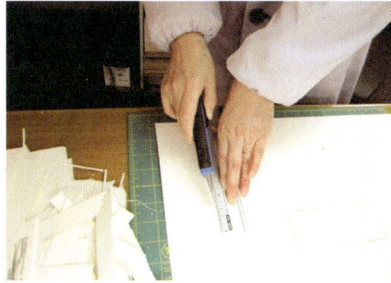

裁切

（5）按照标记尺寸的针眼，用壁纸刀裁掉纸夹多余的一个角。

裁掉多余的角

（6）以此类推，裁掉另外多余的三个边角，中间留下的即是做纸夹需要的部分。

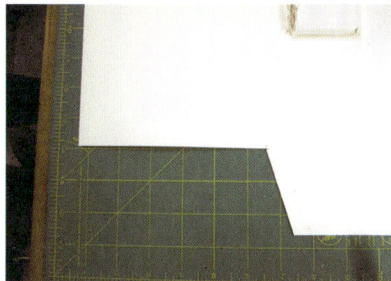

裁切后的形状

5. 折叠纸夹

纸板裁切之后，折叠成纸夹。纸夹形制为：上下包窄边，左右宽幅扣折。折叠方法如下：

（1）将尺子沿纸夹回折处牢固放置，将骨刀沿回折处来回按压，形成回折的痕迹。

按压形成折痕

（2）用骨棒或手指沿按压出的痕迹折回，完成一个边的回折。

折回

（3）用同样的方法回折另外一边。形成纸夹左右开合的两个"耳"。

（4）最后将上下开合的两部分用相同方法回折，西域文献残片的装具——纸夹就初步制作好了。

做好的纸夹最好夹在夹板间，略施轻压，令其平整。

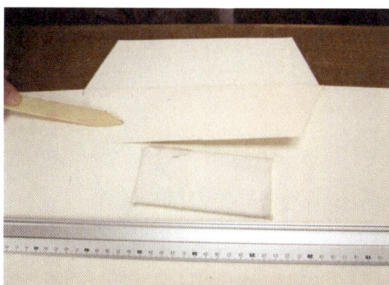

纸夹的两"耳"

6. 准备软皮纸

软皮纸的高度与纸夹的高度一致，左右扣包，无上下包边，包裹残片后与纸夹大小相同。一般纸夹和软皮纸的规格都比残片宽一些，避免残片与其磨擦。

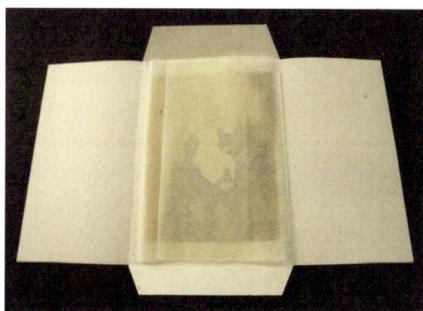

软皮纸包裹的残片

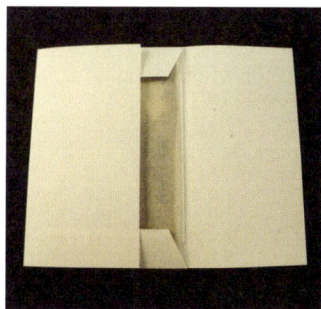

折叠装有残片的纸夹

木质文献装具制作

2015 年，我们得到"中华古籍保护计划"资助，委托专业文物装具生产机构，制作了木质文献的装具。

木质文献装具分为两种：

其一为木盒，用于保存木牍。单件木牍类藏品的体量相对比较大，因此装具采用木盒形式。材质为楠木，内衬使用无纺布，并制作了棉垫。材料及成品经我馆文献保护组检测，符合古籍保护的要求。

楠木盒内衬凹槽的尺寸，均根据木牍尺寸设置，确保木牍在盒内存放时松紧合宜、不挤不晃。外观则根据凹槽尺寸的不同，设计为大、中、小三个规格，以便上架庋藏。

木牍装具外观　　　　　　　木牍装具

其二为有机玻璃函盒，用于保存木简。有机玻璃是透明的，用于制作函盒，便于在不打开函盒的情况下阅读、使用文献。

木简均为长条型，其尺寸、形状、弯曲度各不一样。制作装具之前，我们进行了三维扫描，建立了每一件木简的三维模型，同时获取尺寸、形状等数据。根据这些数据，设计了三种规格的有机玻璃函盒。每一个函盒分为底板、槽板、盖板三部分，底板与盖板为长方形，槽板中部按每件木简的形状与尺寸挖出相应的槽，用于放置木简。三部分以螺栓固定。并在底板上镌刻文献编号。

木简装具

保存环境

馆藏西域文献存放在国家图书馆的敦煌遗书专藏库中。我们在敦煌遗书专柜中，辟出一组四个柜子，用于存放西域文献。专柜的主体框架、柜门均为楠木制作，其余部分用樟木。每组书柜分上下两截，每截内分七层。

西域文献保存地——国家图书馆敦煌遗书专藏库

根据西域文献多为残片、装于纸夹的状况，我们制作了木质抽屉，插在每层的隔板上，将装有西域文献残片的纸夹放置在抽屉内。木质文献的木盒、有机玻璃装

具，则直接存放在隔板上，木盒高度与层高一致，保存、
取阅均很方便。

存放西域文献的书柜

存放西域文献的抽屉

　　古籍库房有严格的温湿度控制，温度控制在 20℃
左右，相对湿度控制在 45—55% 之间；没有阳光的直
接照射；环境适宜，可隔绝空气污染物，避免霉菌等微
生物及害虫的危害。

第八章　建立修复档案

古籍修复档案的价值，首先在于保存某一历史时期的修复史料，其中体现的修复理念、原则和方法等，可供后来的修复人员研究、参考、借鉴。其次，修复档案记录保存文献的原始信息，为学术研究提供第一手资料，对于文献研究也是不无裨益的。因此，修复档案日益受到业界同仁和学者们的关注，很多图书馆、博物馆都建立了修复档案规范，有的还设计制作了修复档案专用软件与数据库。

在纸本西域文献的修复过程中，我们运用国家图书馆修复档案管理系统，为每件文献建立了一条修复档案数据。档案数据包括以下内容：

1. 文献修复前信息

文献原始规格的测量和记录。在文献入藏时已由典藏管理人员完成，我们直接沿用了这批数据。另外，我们还对文献的破损情况、破损位置、破损原因进行了描述。

2. 纸张检测信息

文献纸张的纤维、厚度的检测数据，所选补纸的纤维、厚度、酸碱度等的检测数据。将检测结果录入到"古籍修复档案数据库"中。

3. 修复方案

根据每件残片的具体情况，采用不同的修复技法，如除尘、去污、镶补、缀合等。修复档案对其加以详细记录，同时，还记录了补纸等修复材料方面的信息。

4. 图片资料

在修复每件文献之前，先对文献正反两面进行拍照，以图片形式记录其修复前的原始状态。在文献修复过程中，对于修复步骤和方法，进行拍照留档；尤其是特殊的技法、使用的工具等，务必——拍照留档。文献修复完成后，再次对文献正反两面进行拍照，保留修复后文献的图片资料。

图片同时采用 JPG 和 RAW 格式拍摄和保存，JPG格式可以满足存档的需求，RAW 格式则为以后开展研究储备资料。

5. 管理信息

管理信息记录的是文献从出库到著录档案、交到修复人员手中开始修复，以及修复完成后再入库的时间、经手人，其中包括修复用时的统计等重要信息。此外，

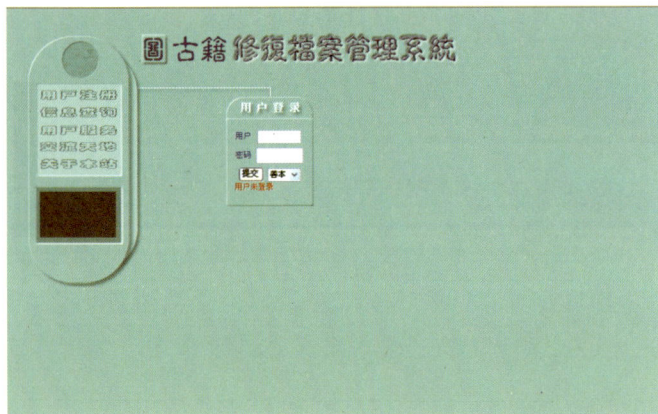

古籍修复档案管理系统

档案详细信息

编号：2012-08-13-001

建档日期	2012-8-13	出库日期	2012-8-13	批次	第12-03批	批登记	是
题名	西域文献			书号	BM2-1至19		
原本时代	唐			原本形式	写本		
卷装/经折书叶	0纸	总册	1种	送修	19册/件		
文种	空缺	文献类型	专藏	书籍装帧	单张		

分卷/册题名	西域文献	册次	19	卷装书叶长度	0 m		
书签	空缺	标序差	空缺	画芯厚度	0 m		
书皮	前0张 后0张	书叶数量	张	护叶	前0张 后0张		
题跋	共0叶	书皮材质	空缺	书皮颜色	空缺		
附件	西域残片 编号BM2-1至BM4-19，共19件，其中BM2-14有5页，BM2-19有两页，共计24页。			书芯规格	0 × 0 Cm		
书叶规格	0 × 0 Cm	书叶厚度	0 m	材质	空缺	PH值	去酸前0 后0
护叶	无	面积	平米	破损原因	撕裂、磨损、老化、污损		
破损位置				实际破损长度			
破损程度	严重						
状况	折角书叶 0 张	夹字/夹框 0 处	残叶 0 张/开	缺叶 0张/开			

修复历史	未经修复	修复要求		染色	国画色	墨码	其他色1	其他色2	其他
面料	空缺	配纸	皮纸	补纸PH值	0	包角	空缺		
纸厚	0 m	修补方式	手工修补	衬纸	不用	天地杆	空缺		
镶接	不用	打蜡订线	不用	订方方式	不用	装书皮	不用		
备注									

修复责任者	班玉清	验收情况	未验收
修复日期	2012-8-13起 叉	归库日期	

西域文书修复档案

还包括对修复方案和修复质量的评价。这既是文献由书库到修复人员、再由修复人员到入库的交接记录，也是每一件文献修复过程中的管理记录。

第九章　修复保护的成果及其经验

　　馆藏纸质西域文献的修复工作已经于 2013 年顺利完成，它们的保存状况得到了极大的改善，同时也为学术研究提供了便利。在这项工作过程中，国家图书馆修复人员也积累了丰富的实际操作经验，取得了丰硕的研究成果，呈现了目前为止较为科学、合理的修复技艺与手段，可以为其他类似文献修复项目提供借鉴，对我国古籍修复事业有一定的推动作用。

修复成果评价及经验总结

　　这项修复工作得到了文献研究专家的肯定。北京大学段晴教授在国家图书馆修复西域文献的过程中，给予了很多帮助、支持和关怀，她高度评价这批文献的修复工作："中国国家图书馆古籍馆文献修复组是创造奇迹的地方。那些在黄沙中保存下来经历了千年岁月的一片片碎纸，经胡玉清的一双巧手，竟然被天衣无缝地衔接在新的宣纸上，这是古籍保护方法的创新。"❶段晴教授还指出："最应感谢国家图书馆胡玉清女士，是她修

---

❶ 段晴：《〈中国国家图书馆藏西域文书·梵文、佉卢文卷〉前言》，《中国国家图书馆藏西域文书·梵文、佉卢文卷》，上海：中西书局 2013 年，第 5 页。

复了所有的残片。她所完成的细致而富有创意的修复工作，不是徒有学历就能胜任的。"❶柴剑虹先生也称赞说："这些文献修复技术水平之高，令人赞叹！"❷

这项修复工作也得到了修复界同仁的高度评价。天津图书馆历史文献部万群女士认为："我们之前经常提到的是国家图书馆的四大修复——《赵城金藏》《永乐大典》、敦煌文献、西夏文献。如今，西域文献的保护可堪称近年来国家图书馆的又一重大修复成果。"❸北京大学图书馆的吴晓云女士从修复专业的角度总结了这个项目的优点："国图新入藏的西域藏品修复是成功的，融汇了古籍修复的多项技艺，值得业界学习和借鉴。修复人员深入细致研究了藏品状况，又针对不同藏品研究了修复方法以及保存方法，对每一点的考虑是非常细致的。修复过程是艰苦的，一块块散片的拼接灌注了修复人员的汗水和心血。看到修复成果展，让人赏心悦目，为研究人员提供了宝贵信息。这次西域文献的修复有两点我个人认为是值得称道的，首先在修复中很少使用浆糊，甚至不使用浆糊来固定藏品，对藏品的长期保存是至关重要的，避免了给藏品带来可能的腐蚀和虫害。棉絮状的残片一般的修复都是用浆糊固定在纸上，国图修复中根据藏品质地不光滑的特点，用一对透明的麻纸夹

❶ 段晴：《〈中国国家图书馆藏西域文书·于阗语卷（一）〉前言》，《中国国家图书馆藏西域文书·于阗语卷（一）》，上海：中西书局 2015 年，第 3 页。
❷ 常荭心整理：《"西域文献保护成果展"专家研讨会发言选登》，《文津流觞》2015 年第 2 期（总第 50 期），第 22 页。
❸ 常荭心整理：《"西域文献保护成果展"专家研讨会发言选登》，《文津流觞》2015 年第 2 期（总第 50 期），第 29 页。

住，外面加皮纸做的四边框，这样处理虽然没有使用糨糊，却固定住了藏品，并保持了纸张原来的状态。其次是镶嵌修复方法的运用。由于藏品的厚度造成一般需要补两层甚至三层才能实现与藏品保持一致，但会导致接口不平整。镶嵌修复法的使用，使藏品和补纸的接口的接缝基本上靠纤维错层连接，减少了多层补纸修复后容易产生的不平整，粘接牢固，保持了纸张平整。这种修复技艺是难度很高的，说明修复人员有极强的责任心、高超的修复技术和丰富的工作经验。"❶

总结西域文献修复项目，我们认为，有以下几点经验是值得以后的文献修复项目参考、借鉴的。

其一，文献研究专家的全程参与指导

馆藏西域文献修复工作的整个过程，我们邀请北京大学段晴教授、荣新江教授、萨尔吉副教授、叶少勇副教授等文献研究专家全程参与，并进行指导。如前所述，在制定修复方案时，专家提出建议，即在不影响文献保护的情况下，最大限度保留其入藏时的原貌，保留文献上遗留下来的历史信息。我们在制定修复方案、修复细则及技术路线时，都严格按这一要求进行，修复过程遵照"修旧如旧"的原则，使用材料相似但有明显区别，修复过程可逆，修复方法不对文物造成进一步破坏。经修复后的残片表面颜色未变，基本保留了文献入藏时的原貌；整体面貌则大为改观，其外观干净、平整，裂口

---

❶ 常茇心整理：《"西域文献保护成果展"专家研讨会发言选登》，《文津流觞》2015年第2期（总第50期），第29—30页。

和残洞都已补牢，强度增加，有利于文献的长期保存。能取得这样的成果，与文献专家的参与是分不开的。

馆藏西域文献大多残损严重，有的严重扭曲；西域文献语种众多，对于修复人员不能辨识的梵文、藏文、于阗文等写本残片，无法参照文字笔迹进行部件复位、纸屑缀合等工作，需要文献研究专家的指导。段晴教授及其研究团队在这方面给予我们很多的支持和帮助，修复人员碰到残片缀合、纸屑复位等类似问题，便将图片发给段晴教授，请其指导、确认；萨尔吉副教授、叶少勇副教授还曾亲临国家图书馆古籍馆文献修复室，现场指导缀合、复位等工作。这方面的密切合作，避免了修复工作的失误，提高了修复工作的质量，达到了比较理想的效果。

文献研究专家指导修复师进行文献缀合

经文献研究专家指导缀合的西域文书

其二，修复原则的灵活运用

　　馆藏西域文献的修复，基本遵循古籍修复界普遍认可的整旧如旧、最少干预、明显区别、过程可逆等原则，但并没有机械照搬，而是根据实际情况略有调整，对修复原则加以灵活运用。这主要表现在"最少干预"原则的理解与掌握上。

　　毋庸讳言，镶接法在一定程度上与古籍修复中的"最少干预"原则不完全相符。"最少干预"原则是指导古籍具体修复工作的一条非常重要的原则，它要求修复工作应尽可能少地改变古籍修复前的原貌，这意味着古籍修复工作始终要控制在最小范围，要尽可能少地添加修复材料，避免过度修复。过度修复指的是过量使用修复材料，或采用本来并不必需的修复措施。在文献上添加本不必需的材料，既浪费了资源，也干扰了古籍的原始信息。

　　然而，贯彻"最少干预"的修复原则，也要防止片面、机械的理解，即走向"不干预"的极端。就西域文献残片而言，残片保存在纸夹中，可能会有一定幅度的移动，造成残片边缘磨损，尤其是边缘写有字迹的残片，可能会造成文字笔划的损伤。翻转移动残片时，特别是翻动双面书写的残片时，不可避免会直接用手或镊子接触残片。因此，修复时在坚持最少干预原则的同时，也必须兼顾文献保护。基于这样的考虑，我们采用镶接法对残片进行修复，更好地保护了文献，这是与文献保护的最终目标是一致的。

　　需要特别说明的是，必要时，残片四周镶接的皮纸可以很方便地去除，恢复修复前的原貌，它本身并不会对文献产生损害。这种处理方式符合古籍修复的"过程可逆"原则。也就是说，遵循"过程可逆"原则的镶接法，确保了文献原貌得以完整保存，从另外一个角度实现了"最少干预"原则。

　　其三，建立了完备的修复档案

　　在以往的修复工作中，详细的档案资料记录是比较缺乏的。国家图书馆开发的古籍修复档案系统数据库，大大弥补了这一缺憾。该数据库还可以将所有资料打印出来，以纸质形式保存，提供参考。建立古籍修复档案系统数据库的做法已得到国内同行的认可，正在逐渐向全国推广。西域文献残片修复档案，是这方面的一个成功案例。

修复工作对学术研究的贡献

在进行西域文献修复与保护的同时，国家图书馆积极联合北京大学段晴教授、荣新江教授等专家学者，组织研究团队，开展西域文献的研究工作。几年来，学者们完成了 4 个研究课题，出版《中国国家图书馆藏西域文书：梵文、佉卢文卷》《中国国家图书馆藏西域文书：于阗语卷（一）》《于阗·佛教·古卷》等专著三部，在《敦煌吐鲁番研究》《西域历史语言研究集刊》《西域文史》等国内外重要学术刊物上发表论文 50 余篇，相关研究成果引起了国际学术界的关注。

这些研究，大部分是在修复保护工作的基础上进行的。学者们进行文字释读，主要的依据是修复后文献的图片，有的检核了文献原件；相关著作所使用的图版，也大多是修复后文书的图片。修复工作为文献释读、著作出版提供了有力的支持，得到文献研究专家们的好评。

《中国国家图书馆藏西域文书·梵文、佉卢文卷》

《中国国家图书馆藏西域文书·于阗语卷（一）》

《于阗·佛教·古卷》

西域文献论著

这些文献也在人才培养上，尤其是民族语言文献研究人才的培养方面，起了积极的作用。比如段晴教授的研究生张湛先生，其硕士论文《一件新出土犹太波斯语信札的释读与研究》（北京大学，2006 年）就是以这批西域文献中的 BH1-19 犹太波斯文书信为研究对象的。张湛后来前往美国哈佛大学，师从施杰我（Prods Oktor Skjærvø）教授攻读博士学位。荣新江教授也与研究生文欣先生合作撰写了《和田新出汉语—于阗语双语木简考释》等文章，文欣先生同样在哈佛大学师从施杰我教授攻读博士学位。年轻学者在参与这批西域文献研究的过程中，得以迅速成长。我们为这些文献在造就学术人才方面所起的作用感到非常欣慰，希望更多的年轻学者能从这批文献中受益。

国家图书馆举办的多次文献展览，比如 2014 年国家典籍博物馆开馆之际举办的"国家图书馆馆藏精品大展"中，就展出了十余件西域文献，产生了良好的社会效应。2015 年 5 月 15 日至 5 月 29 日，国家图书馆在北区稽古厅举办"册府千华——西域文献保护成果展"，展出近50件西域文献原件。这次展览系统梳理并展示了本世纪初以来国家图书馆在西域文献征集入藏、修复保护、整理研究等方面的成果，在展览开幕的同时还举办了"册府千华——西域文献保护成果展"专家研讨会以及两场专题讲座，在业界引起积极反响。

册府千华——西域文献保护成果展

册府千华——西域文献保护成果展专家研讨会

附录：国家图书馆藏西域文献研究论著简目

一、专著

1. 段晴、张志清主编，段晴、萨尔吉、叶少勇、张雪杉、皮建军著：《中国国家图书馆藏西域文书·梵文、佉卢文卷》，上海：中西书局 2013 年。

2. 段晴：《于阗·佛教·古卷》，上海：中西书局 2013 年。

3. 段晴、张志清主编，段晴著：《中国国家图书馆藏西域文书·于阗语卷（一）》，上海：中西书局 2015 年。

二、论文

1. 段晴：《新发现的于阗语〈金光明最胜王经〉》，《敦煌吐鲁番研究》第 9 卷，2006 年 5 月，第 7—22 页。

2. Duan Qing: "Two New Folios of Khotanese Suvarṇabhāsottamasūtra",《創価大学国際仏教学高等研究所年報》第 10 号（平成 18 年度）（*Annual Report of the International Research Institute for Advanced Buddhology at Soka University for the Academic Year 2006*），2007 年，第 325—336 页。

3. SAERJI: "A New fragment of the Ratnaketuparivarta",《創価大学国際仏教学高等研究所年報》第 11 号（平成 19 年度）（*Annual Report of the International Research Institute for Advanced Buddhology at Soka University for the Academic Year 2007*），2008 年，第

95—103 页。

4. 文欣：《于阗国"六城"（kṣa au）新考》，《西域文史》
   第三辑，北京：科学出版社 2008 年，第 109—126 页。

5. 文欣：《和田新出〈唐于阗镇守军勘印历〉考释》，
   《西域历史语言研究集刊》第二辑，北京：科学出版
   社 2009 年，第 111—124 页。

6. 荣新江：《和田出土文献刊布与研究的新进展》，
   《敦煌吐鲁番研究》第 11 卷，上海：上海古籍出版社
   2009 年，第 1—9 页。

7. 段晴：《于阗语高僧买奴契约》，《敦煌吐鲁番研究》
   第 11 卷，上海：上海古籍出版社 2009 年，第 11—28 页。

8. 荣新江、文欣：《和田新出汉语—于阗语双语木简考释》，
   《敦煌吐鲁番研究》第 11 卷，上海：上海古籍出版社
   2009 年，第 45—69 页。

9. 张湛、时光：《一件新发现犹太波斯语信札的断代与
   释读》，《敦煌吐鲁番研究》第 11 卷，上海：上海古
   籍出版社 2009 年，第 71—100 页。

10. 段晴：《于阗语〈对治十五鬼护身符〉》，《敦煌吐
    鲁番研究》第 11 卷，上海：上海古籍出版社 2009 年，
    第 101—120 页。

11. DUAN Qing: "Bisā- and Hālaa- in a New Chinese-
    Khotanese Bilingual Document", *the Journal of Inner
    Asian Art and Archaeology*, vol.3, 2009, pp65-73.

12. Rong Xinjiang, Wen Xin. "Newly Discovered Chinese-
    Khotanese Bilingual Tallies", *The Journal of Inner Asian
    Art and Archaeology*, vol.3, 2009, pp. 99-118.

13. DUAN Qing: "A Fragment of the Bhadrakalpa-sūtra in
    Buddhist Sanskrit from Xinjiang", Ernst Steinkellner,
    Duan Qing, Helmut Krasser (eds.), *Sanskrit manuscripts*

in China. Proceedings of a panel at the 2008 Beijing Seminar on Tibetan Studies, October 13 to 17(《中国的梵文写本：北京藏学研讨会梵文论坛论文集（2008 年 10 月 13 日—17 日）》), Beijing: China Tibetology Publishing House, 2009.12, pp.15-39.

14. YE Shaoyong: "Buddhist Sanskrit Fragments Recently Found in Xinjiang Province",《創価大学国際仏教学高等研究所年報》第 13 号（平成 21 年度）（Annual Report of the International Research Institute for Advanced Buddhology at Soka University for the Academic Year 2009），2010 年，第 87—110 页。

15. SAERJI: "More Fragments of the Ratnaketuparivarta (1) ",《創価大学国際仏教学高等研究所年報》第 13 号（平成 21 年度）（Annual Report of the International Research Institute for Advanced Buddhology at Soka University for the Academic Year 2009），2010 年，第 111—120 页。

16. DUAN Qing: "Misfortune Caused by Kings",《創価大学国際仏教学高等研究所年報》第 13 号（平成 21 年度）（Annual Report of the International Research Institute for Advanced Buddhology at Soka University for the Academic Year 2009），2010 年，第 173—183 页。

17. 段晴:《梵语〈贤劫经〉残卷——兼述〈贤劫经〉在古代于阗的传布及竺法护的译经风格》,《西域历史语言研究集刊》第三辑, 北京: 科学出版社 2010 年, 第 201—231 页。

18. 段晴:《关于古代于阗的"村"》,《张广达先生八十华诞祝寿论文集》, 台北: 新文丰出版公司 2010 年, 第 581—604 页。

19. 荣新江:《〈兰亭序〉在西域》,《国学学刊》2011
   年第 1 期,第 65—71 页。

20. SAERJI: "More Fragments of the Ratnaketuparivarta (2) ",
   《創価大学国際仏教学高等研究所年報》第 14 号
   (平成 22 年度)(*Annual Report of the International
   Research Institute for Advanced Buddhology at Soka
   University for the Academic Year 2010*),2011 年,
   第 35—57 页。

21. 段晴:《中国国家图书馆藏 BH5-3 号佉卢文买卖土
   地契约》,《西域文史》第六辑,北京:科学出版社
   2011 年,第 1—16 页。

22. 皮建军:《中国国家图书馆藏 BH5-4、5 号佉卢文信件
   和买卖契约释读与翻译》,《西域文史》第六辑,北京:
   科学出版社 2011 年,第 17—26 页。

23. 张雪杉:《中国国家图书馆藏 BH5-6 号佉卢木牍文书
   释读与翻译》,《西域文史》第六辑,北京:科学出
   版社 2011 年,第 27—34 页。

24. 荣新江:《唐代于阗史新探:和田新发现的汉文文书
   研究》,《中原与域外:庆祝张广达教授八十嵩寿研
   讨会论文集》,台北:政治大学历史系 2011 年,第
   43—55 页。

25. 段晴:《宝藏遗踪——近年来和田地区新出非汉语类
   文书综述》,《敦煌文献·考古·艺术综合研究:纪
   念向达先生诞辰 110 周年国际学术研讨会论文集》,
   北京:中华书局 2011 年,第 293—305 页。

26. 林世田、刘波:《国图藏西域出土〈观世音菩萨劝攘
   灾经〉研究》,《敦煌文献·考古·艺术综合研究:
   纪念向达先生诞辰 110 周年国际学术研讨会论文集》,
   北京:中华书局 2011 年,第 306—318 页。

27. 毕波：《西域出土唐代文书中的"贯"》，《北京大学学报（哲学社会科学版）》2012年第4期，第129—136页。

28. 荣新江：《汉语—于阗语双语文书的历史学考察》，《语言背后的历史：西域古典语言学高峰论坛论文集》，上海：上海古籍出版社2012年，第20—31页。

29. 段晴：《Hedin 24号文书释补》，《语言背后的历史：西域古典语言学高峰论坛论文集》，上海：上海古籍出版社2012年，第74—78页。

30. Peter Zieme: "A Wooden Staff with a Runic Insription from Khotan",《西域历史语言研究集刊》第五辑，北京：科学出版社2012年，第143—144页。

31. DUAN Qing: "The inscription on the Sampul Carpets", *the Journal of Inner Asian Art and Archaeology*, vol.5, 2012, pp. 95-100.

32. DUAN Qing: "A Land Sale Contract in Kharoṣṭhī Script: National Library of China Collection, No. BH5-3",《創価大学国際仏教学高等研究所年報》第15号（平成23年度）（*Annual Report of the International Research Institute for Advanced Buddhology at Soka University for the Academic Year 2011*），2012年，第63—69页。

33. ZHANG Xueshan: "A Wooden Tablet in Kharoṣṭhī Script: National Library of China Collection, No. BH5-6",《創価大学国際仏教学高等研究所年報》第15号（平成23年度）（*Annual Report of the International Research Institute for Advanced Buddhology at Soka University for the Academic Year 2011*），2012年，第71—76页。

34. 荣新江:《〈兰亭序〉在西域》,《国学的传承与创新:
冯其庸先生从事教学与科研六十周年庆贺学术文集》,
上海:上海古籍出版社 2013 年,第 1099—1108 页;
收入荣新江:《丝绸之路与东西文化交流》,北京:
北京大学出版社 2015 年,第 185—199 页。

35. 段晴:《义净与实叉难陀》,《国学的传承与创新:
冯其庸先生从事教学与科研六十周年庆贺学术文集》,
上海:上海古籍出版社 2013 年,第 1109—1120 页。

36. 段晴:《〈伏阇达五年蠲除契约〉案牍》,《敦煌吐
鲁番研究》第 13 卷,上海:上海古籍出版社 2013 年,
第 294—304 页。

37. 侯郁然、胡玉清:《西域文书 BH4-269 残片修复案例》,
《文津学志》第六辑,北京:国家图书馆出版社 2013 年,
第 323—331 页。

38. 段晴:《〈舅卖甥女〉案牍所映射的于阗历史》,秦
大树、袁旔主编:《古丝绸之路——2011 年亚洲跨文
化交流与文化遗产国际学术研讨会论文集》,新加坡:
八方文化创作室 2013 年,第 33—60 页。

39. DUAN Qing: "Puñadatta's Life as Reflected in Khotanese
Documents", Тохтасьев С.Р., Лурье П.Б. (ред.),
*COMMENTATIONES IRANICAE. Сборник статей к
90-летию Владимира Ароновича Лившица, Нестор-
История*, 2013, pp.435-445.

40. DUAN Qing: "Puñadatta's contract of Sale of an
estate",《創価大学国際仏教学高等研究所年
報》第 17 号(平成 25 年度)(*Annual Report of
the International Research Institute for Advanced
Buddhology at Soka University for the Academic Year
2013*),2014,第 349—363 页。

41. DUAN Qing: "Indic and Khotanese Manuscripts: Some New Finds and Findings from Xinjiang", Paul Harrison and Jens-Uwe Hartmann, eds., *From Birch Bark to Digital Data: Recent Advances in Buddhist Manuscript Research*, Wien: Verlag der Österreichischen Akademie der Wissenschaften, 2014.3, pp.267-276. (Papers Presented at the Conference Indic Buddhist Manuscripts: The State of the Field, Stanford, June 15–19, 2009)

42. 榮新江：《「蘭亭序」および「尚想黄綺」帖の西域における流傳》，載《高田時雄教授退職記念　東方學研究論集（日英文分冊）》，日本京都：臨川書店，2014 年 6 月。

43. DUAN Qing: "Pledge, Collateral and Loan in Ancient Khotan", *Euroasian Studies II*, Sydney: Asia Publishing Nexus Australia, 2014, pp. 249–268.

44. 段晴：《于阗文书所见古代于阗的典押制度》，《敦煌吐鲁番研究》第 14 卷，上海：上海古籍出版社 2014 年，第 113—125 页。

45. 段晴：《于阗故地的诉说》，《于阗六篇：丝绸之路上的考古学案例》，北京：北京大学出版社 2014 年，第 97—121 页。

46. 荣新江：《〈兰亭序〉与〈尚想黄绮帖〉在西域的流传》，故宫博物院编：《二零一一年兰亭国际学术研讨会论文集》，北京：故宫博物院 2014 年，第 26—35 页。

47. 荣新江：《西域发现的汉文文书及其价值》，《中国文化报》2015 年 4 月 22 日第 4 版。

48. 段晴：《佉卢文世俗文书所反映的社会生活》，《中国文化报》2015 年 4 月 22 日第 4 版。

49. 段晴:《于阗语〈无垢净光明大陀罗尼经〉之源与流》,
荣新江、朱玉麒主编:《西域考古·史地·语言研究
新视野——黄文弼与中瑞西北科学考察团国际学术研
讨会论文集》,北京:科学出版社 2014 年,第 329—
338 页。

50. 毕波:《和田新发现汉语、胡语文书所见"筋脚"考》,
荣新江、朱玉麒主编:《西域考古·史地·语言研究
新视野——黄文弼与中瑞西北科学考察团国际学术研
讨会论文集》,北京:科学出版社 2014 年,第 339—
347 页。

51. 荣新江:《接受與排斥——唐朝时期漢籍的西域流布》,
李奭学、胡晓真主编:《图书、知识建构与文化传播》,
台北:汉学研究中心 2015 年,第 1—23 页。

52. 荣新江著,西村阳子译:《唐朝時期における漢籍の
西域流布》,《内陸アジア言語の研究》第 30 号(吉
田豊教授·荒川正晴教授還曆記念特集号),2015 年
7 月,第 113—130 页。

53. 段晴:《裴捛的人生轨迹》,阿不都热西提·亚库甫主编:
《西域—中亚语文学研究:2012 年中央民族大学主办
西域—中亚语文学国际学术研讨会论文集》,上海:
上海古籍出版社 2015,第 80—89 页。

54. 段晴:《粟特商队到于阗——BH4-135 之于阗文书的
解读》,荣新江、罗丰主编:《粟特人在中国:考古
发现与出土文献的新印证》,北京:科学出版社 2016 年,
第 96—115 页。

55. Yoshida Yutaka(吉田丰):Sogdians in Khotan: Some
new interpretations of the two Judeo-Persian letters
from Khotan(于阗的粟特移民:对和田出土的两件犹
太波斯语信札的一些新见解),荣新江、罗丰主编:《粟

特人在中国：考古发现与出土文献的新印证》，北京：
科学出版社 2016 年，第 621—629 页。

56. 张湛：《粟特商人的接班人？——管窥丝路上的伊朗
犹太商人》，荣新江、罗丰主编：《粟特人在中国：
考古发现与出土文献的新印证》，北京：科学出版社
2016 年，第 661—672 页。

57. 侯郁然：《BH2-1 瓷青色纸西域文献修复案例》，《文
津学志》第九辑，北京：国家图书馆出版社 2016 年，
第 343—349 页。

主要参考文献

WH/T23-2006 古籍修复技术规范与质量要求，2006-10-01 实施。

王菊华：《中国造纸原料纤维特性及显微图谱》，北京：中国轻工业出版社 1999 年。

方广锠：《〈中国国家图书馆藏敦煌遗书〉前言》，《中国国家图书馆藏敦煌遗书》第 1 册，南京：江苏古籍出版社 1999 年。

方广锠：《国家图书馆敦煌遗书的修复方案》，《文津流觞》第 6 期（2002 年 7 月）。

杜伟生：《中国古籍修复与装裱技术图解》，北京：北京图书馆出版社 2003 年。

杜伟生：《古籍修复原则》，《国家图书馆学刊》2007 年第 4 期。

张平：《浅析古籍修复的基本原则》，《古籍保护新探索》，杭州：浙江古籍出版社 2008 年。

杜伟生：《西夏文献修复工作概述》，《古籍保护新探索》，杭州：浙江古籍出版社 2008 年。

林世田、杜伟生：《国家图书馆藏西夏文献的修复及其汉文文献残片》，《古籍保护新探索》，杭州：浙江古籍出版社 2008 年。

张平：《中国国家图书馆敦煌遗书的修复与保护》，《古
　　籍保护新探索》，杭州：浙江古籍出版社 2008 年。

杜伟生：《古籍修复档案管理工作浅探》，《古籍保护
　　新探索》，杭州：浙江古籍出版社 2008 年。

张平、田周玲：《古籍修复用纸谈》，《文物保护与考
　　古科学》2012 年第 2 期。

张平、吴澍时：《古籍修复案例述评》，北京：国家图
　　书馆出版社 2012 年。

侯郁然、胡玉清：《西域文书 BH4-269 残片修复案例》，
　　《文津学志》第六辑，北京：国家图书馆出版社
　　2013 年。

宋晖：《使用造纸纤维分析仪分析纸质文物》，《中国
　　造纸学报》2014 年增刊。

宋晖：《现代显微技术在纸质文物鉴定与修复中应用》，
　　《文物保护与考古科学》2015 年第 2 期。

后 记

　　近年来，国家图书馆、中国人民大学博物馆、新疆博物馆等机构先后入藏了多批西域文献。这些丰富多彩、特色鲜明的西域文献，是我国古文献遗存中的瑰宝。它们保存了中古时期西域社会生活各方面的信息，丰富了我们对西域历史的理解，对古代西域文史研究有重要意义。国家图书馆多方征集并精心修复保护的西域文献，已经在文化传承、学术研究上起到了积极的推动作用。随着研究工作的不断深入，它们必将推动世界学术的发展，同时提升中国学术在世界学术之林的地位。

　　国家图书馆非常重视西域文献的收藏与整理，并开展了一系列保护工作。在国内西域文献馆藏机构中，国家图书馆在这方面的工作是走在前列的，这也为中国学者们的研究工作提供了很好的条件。在西域文献的征集入藏、修复保护、整理研究等一系列工作中，国家图书馆始终与学术界保持紧密合作，可以说这是图书馆界与学术界成功开展业务合作的典型项目。这个项目的做法和经验，是近年来古籍保护事业的一个新探索、新成果，对于同类项目有很强的参考、借鉴意义。从这个意义上讲，对这一项目进行总结，有着很强的现实意义。

　　承担这项修复工作的国家图书馆古籍馆文献修复组，有很长的发展历史，积累了丰富的修复工作经验，也获得过很多荣誉。早在京师图书馆时期，馆内就配备

了文献修复人员。1953 年，北京图书馆正式成立"图
书修整组"， 2008 年更名为"文献修复组"。2008 年
6 月国家图书馆"装裱修复技艺·古籍修复技艺"被确
认为国家级非物质文化遗产。2010 年 2 月，国家图书
馆文献修复组被评定为"国家级古籍修复中心"。2011
年和 2012 年，高清摄影文献修复台等六种设备器材获
得中华人民共和国知识产权实用新型专利证书。2014
年 9 月，被授予"第五届全国杰出专业技术人才先进集
体"称号。2015 年 4 月获得国家文物局可移动文物修
复资质。

经过几代古籍修复工作者的不懈努力，国家图书馆
文献修复组完成了为数众多的国宝级珍贵文献的修复，
取得了辉煌的成绩。比如《赵城金藏》《永乐大典》、
西夏文献、敦煌遗书的修复，习称为国家图书馆的四大
古籍修复工程，在业界和学界都有广泛影响。这些重要
修复工程，有的没有留下档案资料，有的虽然有论文介
绍，但仍让人有不够详细、意犹未尽之感。

西域文献入藏后，国家图书馆建立了"西域文献专
藏"，由古籍馆敦煌文献组负责，有计划地开展专藏建
设，修复保护是这项工作的重要内容。国家图书馆古籍
馆组织修复专家与文献研究专家共同讨论，确定了修复
原则与修复方案。纸质文献的修复，交由经验丰富的修
复师胡玉清负责，修复组青年员工侯郁然辅助。她们用
了两年时间，完成了全部纸质文书残片的修复，为文献
研究提供了很大的便利。

为了更好地完成西域文献修复工作，国家图书馆设

立了馆级科研课题"馆藏西域文献修复研究"（NLC-KY-2009/13）。此项目由承担修复工作的胡玉清主持，课题组成员有杜伟生、张平、萨仁高娃、刘波、吴澍时、胡泊等六人，胡玉清的助手侯郁然也参与了修复工作与课题研究。在纸质文献修复工作顺利完成的同时，形成了一份比较详细的研究报告。这一研究项目于 2013 年结项，获得评审专家的一致好评。

馆藏西域文献修复过程中，修复人员利用古籍修复档案管理系统，有意识地留下了数量可观的档案资料，为系统、详细总结这一项目打下了基础。可以说，西域文献修复项目具备了比早年几大修复工程更好的总结经验的条件。

鉴于此，国家图书馆古籍馆组织专业人员，在修复档案和课题研究报告的基础上，汇总文献调查、残片修复、纸张检测、装具制作等方面的资料，编纂了此书。承担书稿整理、配图等任务的，是敦煌文献组刘波和文献修复组侯郁然二人。我们期望通过此书的编辑出版，全面总结西域文献修复项目的经验教训，留下一份较为详实的资料，作为业界同仁研讨切磋的参考。

国家图书馆古籍馆

2016 年 10 月